Georg Gottfried Gervinus

F. C. Schlosser

Ein Nekrolog

Friedrich Christoph Schlosser.

Ein Nekrolog

von

G. G. Gervinus.

Leipzig,
Verlag von Wilhelm Engelmann.
1861.

Georg Gottfried Gervinus

F. C. Schlosser
Ein Nekrolog

ISBN/EAN: 9783743698451

Hergestellt in Europa, USA, Kanada, Australien, Japan

Cover: Foto ©ninafisch / pixelio.de

Weitere Bücher finden Sie auf **www.hansebooks.com**

Der wesentliche Inhalt der vorliegenden Schrift ruht schon seit längerer Zeit, als Theil eines unvollendeten Werkes, in meinem Pulte; es wäre sonst nicht möglich gewesen, ihre Veröffentlichung so rasch auf den Todesfall folgen zu lassen, der ihre Verwandlung zum Nekrologe veranlaßt hat. Wenn sie dieser veränderten Bestimmung nicht in jeder Weise entspricht, wenn ihr der biographische Stoff entsteht, wenn sie des rhetorischen Schmuckes entbehrt, so entschuldige es der Leser mit meinem persönlichen Verhältnisse zu dem Manne um den es sich handelt, und mit dem Zeitpunct dieser Bekanntmachung. Das Hinscheiden des väterlichen Freundes, der mir so frühe ein Lehrer und so lange ein Lebensgenosse war, konnte mich wohl bewegen, eine schon vorhandene Aufzeichnung, die sein Leben und Wirken betraf, hinauszugeben, nicht aber war es geeignet, mich schnell in eine Stimmung zu versetzen, in der ich mit freiem Gemüthe eine völlige Um- und Neugestaltung dieser Arbeit hätte vornehmen mögen.

Heidelberg im October 1861.

G.

F. Ch. Schlosser.

Es ist nur kurze Zeit her, daß sich in Bonn über Arndt und Dahlmann die Gräber geschlossen haben; in diesen Tagen, am 23. September, ist ihnen Friedrich Christoph Schlosser (am 17. Nov. 1776 in Jever geboren) im Alter von 85 Jahren gefolgt. Ein eigenes Geschlecht von deutschen Gelehrten eines ganz gesonderten Schlages, von so ungewöhnlich starker Körpermuskulatur wie terniger Geisteskraft, scheint mit dieser Gruppe norddeutscher Geschichtschreiber von dem Schauplatze des deutschen Geisteslebens abgetreten zu sein. Alle drei die Söhne einer groß angeregten Zeit spiegeln sie in ihrer schriftstellerischen Thätigkeit auf verschiedene Weise die Periode ab, in der sich die politischen und nationalen Berufe in dem deutschen Volke zu streiten begannen mit den Ueberlieferungen und Gewöhnungen einer vorzugsweise inneren und geistigen Existenz. Alle drei haben sie in verschiedenen Zeitpuncten die Anfänge ihrer Entwicklungen in der Zeit der deutschen Erniedrigung und Unterdrückung erlebt, und die Eindrücke dieser Volksschmach haben unwillkürlich ihrem erweiterten Geiste die Richtung auf die öffentlichen Verhältnisse, ihrem vertieften Gemüthe die Fülle des innigen Mitlebens mit den nationalen Geschicken gegeben. In allen Dreien haben diese schweren Leiden der Zeit den kraftvollen Charakteren, die in ihren Naturanlagen begründet waren, eine solche Stahlhärte gegeben, daß in der schlafferen Spannung des folgenden Zeitalters die Epigonen in ihnen wohl oft ein Uebermaaß des Selbstgefühls und einen Auswuchs des Eigensinns zu tadeln gefunden haben. In allen Dreien hat das deutsche Volk die sympathetische Ader erkannt, die ihre literarische Thätigkeit mit seinem Wohl und Wehe verbindet; es hat in ihnen Volksschriftsteller verehrt, die seine Sache selbst in solchen Werken führten, die, nach Umfang Form und Inhalt so unvolksthümlich als möglich, der gelehrten Innung am innigsten anzugehören schienen.

So that es selbst mit dem unter ihnen, der sich unmittelbar in die öffentlichen Geschäfte niemals gemischt hat, der jedes Streben nach jeder Popularität geflissentlichst verleugnete, dessen Charakter von dem schroffsten Gepräge unter den Dreien war, und dessen herbe Urtheilsstrenge sich nicht selten gefiel, die Schwächen der Deutschen aufs unschonendste zu geißeln, mit Schlosser. Es war eine Zeit, wo Deutschland in diesem Manne die ungeheuere Belesenheit, den unermeßlichen Umfang der Gelehrsamkeit und die sichere Beherrschung seines Wissens in ungetheilter Meinung bestaunte; wo es seine freie politische Gesinnung und ihr unbekümmertes Bekenntniß, die seltensten Eigenschaften in einem deutschen Stubengelehrten der früheren Jahrzehnte, in höchster Achtung hielt; wo es seine rücksichtslose Sittenpredigt und Kritik in einer Art stummer Ehrfurcht dahinnahm. In dieser Zeit saß ich in Heidelberg zu seinen Füßen, sein dankbarer Schüler, und lauschte in gleich gefesselter Spannung, wenn er seine Vorträge mit einzelnen Bemerkungen einer treffenden Welt- und Menschenkenntniß würzte, die in den mannichfaltigsten Fragepuncten und Zweifeln, von denen die jugendliche Seele bewegt ist, mir die Schuppen von den Augen nahm, und wenn er die Entwicklungsepochen des menschlichen Geschlechts in großartigen Orientirungen entwarf, unter denen vor dem jungen Geiste die Pforten der Geschichte gleichsam knarrend auseinander sprangen. Damals wußte ich, was dieser Mann in der Geschichte unserer historischen Wissenschaft für das deutsche Land und Volk bedeutete, nur zu ahnen, an seinen unschätzbaren Werth nur zu glauben; aber die öffentliche Meinung störte mich in diesem Glauben nicht. Wenn ich heute offen und öffentlich gestehe, daß ich diesen Glauben an die große Bedeutung dieses Mannes nie, und auch heute nicht abgelegt habe, so werde ich jetzt vielleicht Manchem befangen erscheinen in der Stärke des Dankes oder in der Schwäche des Urtheils des gewesenen Schülers, der Schüler geblieben ist. Denn die Meinung über Schlosser ist heute in Deutschland nicht ganz mehr die ungetheilte, die sie ehedem war.

In einer Zeit, die ihre Evolutionen in einer nie zuvor gekannten Bewegungsschnelle macht, ist es nur zu natürlich, daß ein einzelner gelehrter Forscher durch die zusammengeschossene Thätigkeit eines rührigen Geschlechtes von Mitbewerbern in kürzester Frist überholt wird; daß Geschmack und Bedürfniß des Tages sich bald in weitem Abstand von einem Schriftsteller findet, der eine ungewöhnlich lange Lebensbahn durchlaufen hat; daß man die Beziehung seiner Werke zu der Periode ihrer Entstehung vergißt und den Werth übersieht, der vielleicht vorzugsweise in diesem Verhältnisse gelegen war. Unter dem allgemeinen Gedeihen der ausgreifenden, weitreichenden Gelehrsamkeit in Deutschland mußte die Schlosser'sche nothwendig in der Meinung von ihrem Vorzuge und Alleinruhme verlieren. Unter dem üppigen Aufschießen einer kunstfertigen, formgewandten schöngeistigen Literatur wurde Schlosser's so kunst- als schmucklose Schreibweise unausbleiblich in Schatten gerückt. Unter der Verwöhnung der schlaffen Lesewelt durch eine Flut einschmeichelnder Toilettenlectüre wandte sich Geschmack und Gefühl von der bitteren Strenge des altväterlichen Sittenrichters unwillkürlich ab. In der schreibenden Welt dann sammelte sich mit der Zeit eine Gruppe von systematischen Gegnern, die für die Angriffe, die Härten, die Verletzungen, wohl selbst unverdiente Verletzungen, die sie durch Schlosser in seiner langjährigen kritischen Thätigkeit persönlich und unmittelbar erlitten hatten, feindselige Vergeltungen übten. Gab es Männer des Faches unter diesen, so ward der Widerstreit grundsätzlicher durch Urtheilsberechtigung, durch Sachkenntniß und Kennergefühl. War unter diesen ein Jünger entgegengesetzter Richtungen, so schärfte der ätzende Geist des Schuleifers den Gegensatz, der nun, die Meister der Schule auf den Thron erhebend, das deutsche Volk in einem blöden und bereits überwundenen Irrthum befangen nannte, als es Schlosser für einen großen Historiker hielt und seine Werke begieriger las, als die der meisten, wenn nicht aller zeitgenössischen Rivalen. Und wie nun jede neue Meinung einen Schwarm von urtheilslosen Nachsprechern im Gefolge hat, so bildete sich allerdings eine ziemlich verbreitete Ansicht in Deutschland, die über Schlosser nicht mehr wie früher in tiefer Hochachtung spricht, sondern in flacher Geringschätzung abspricht. Formlosigkeit und Mangel an aller Methode sollte seine Darstellungsweise als eine schwer, oder nicht mehr genießbare verleiden. — In seiner wissenschaftlichen Kritik wollte man nichts mehr erkennen, als eine reizbare Schmähsucht gegen alle andere Schriftstellerei außer der seinigen. — In seiner ethischen Kritik fand man sich abgestoßen von dem einseitigen Maaßstabe einer grämlichen Hausmoral, vor der jede historische Größe zusammenschrumpfen sollte. — In seiner politischen Kritik sah man sich rathlos hin und her getrieben durch die Verwerfung einer jeden Regierungsweise, einer jeden Verfassungsform, eines jeden Nationalcharakters und Volkszustandes, die alle gleich untauglich erschienen. — In seiner Darstellung des Geschichtslaufs ganz im Großen endlich fühlte man sich umirrend in einem so planlosen wie trostlosen Chaos, in dem zu keinem Ziele und zu keiner Befriedigung zu gelangen sei.

Diesen Ausstellungen läßt sich in der That ein Anschein zutreffender Richtigkeit und in gewissem Maaße selbst ein Grund der Wahrheit nicht füglich absprechen. Und dennoch könnten sie das erste instinctive Urtheil, das sich in Deutschland über Schlosser gebildet hatte, nicht beeinträchtigen; nie konnten sie in mir meine ältesten Ueberzeugungen von dem Werthe dieses außerordentlichen Mannes erschüttern. Es kommt nur darauf an, daß seine Beurtheiler die in ihm getadelte Grämlichkeit nicht darin selbst verschulden wollen, daß sie seine Vorzüge über seinen Mängeln geflissentlich übersehen. Es kommt nur darauf an, sich der Oberflächlichkeit zu entschlagen, die den gerügten Fehlern nicht bis zu dem Grunde nachspüren mag, wo sie in dem Ganzen des Charakters ihre Wurzel schlagen. Es ist in dem Wesen alles menschlichen Geistes gelegen, und wird sich selbst in den schwächsten Naturen beobachten lassen, daß eines Jeden eigenste Fehler und Tugenden in einer solidarischen Verknüpfung stehen: es ist aber nicht selten das Vorrecht gerade der Vorragenden in der Menschheit, daß je totaler, je stärker, je größer in ihnen Geist und Charakter gewachsen sind, desto unscheidbarer und ununterscheidbarer die Wurzeln in Eins zusammenlaufen, aus denen ihre guten und üblen Eigenschaften zugleich entsprossen sind. Es kommt nur auf Stellung oder Willen an, ob man allein die Schatten sehen will oder zugleich das Licht, von dem sie geworfen sind.

Die Stunde des Verlustes dieses Mannes fordert mich auf, zu einer berichtigten und bereinigten Beurtheilung desselben den kleinen Beitrag zu steuern, den ich aus meiner Kenntniß und Erfahrung zu geben vermag. Der Ernst des Anlasses mahnt, bei diesem Todtengerichte mit aller Offenheit und Wahrheit zu verfahren. Die Ehrfurcht vor den Manen des Dahingeschiedenen und seinem eigenen Charakter gestattet nicht, sie in irgend einer Weise zu verleugnen. So wäre es denn auch gewiß nicht wohlgethan, all jenen scharfen und sehr bestimmten Ausstellungen an ihm, nachdem sie einmal aufgestellt wurden, mit flachen Redensarten und vagen Gemeinplätzen begegnen oder ausbeugen zu wollen. Man kann jeder einzelnen desto befriedigender Rede stehen, je gerader, je eingehender, je genauer es geschieht.

So könnte man zunächst den Tadlern der nachläßigen Formlosigkeit in Schlosser's Werken zu ihren gewöhnlichen Waffen noch neue in die Hände geben, ohne darum sich und ihn der Vertheidigung zu berauben. Es ist wahr: es gibt vielleicht keine Schriftstellerei eines anderen Autors, die so launisch und ungeordnet, so unvollständig und unvollkommen aussähe, wie die Geschichtswerke Schlosser's. Die verschiedensten Motive, äußerliche und innerliche, haben eingeständlich nicht nur ihre Entstehung, je nach augenblicklicher Laune und Liebe, je nach fremdem Anlaß und Anstoß, zufällig angeregt, sondern auch ihre Behandlung zufällig verändert, ihre Fortführung und ihren Umfang zufällig so und anders gestaltet. In seiner Jugend herumschwankend (so schrieb er selber) zwischen Philosophie und Theologie, zwischen Kirchengeschichte und klassischen Studien, verfaßte er verschiedene Biographien und Monographien in anscheinend gleichgültiger Wahl aus Mittelalter und Neuzeit, aus Orient und Occident. Um eine Unterlage für seine frankfurter Vorlesungen über Geschichtsphilosophie zu haben, begann er seit 1811 die alte Geschichte, den ersten Band seiner Weltgeschichte (1815) auszuarbeiten. Als dieser Anlaß späterhin wegfiel, setzte er das Werk im zweiten Theile hauptsächlich (schien es) zu seiner eigenen Belehrung, wie ein Heft zum Eigengebrauche fort; und im dritten Theile änderte er noch einmal den Ton, um es etwas lesbarer und mundgerechter zu machen. Beim vierten Theile ließ er es plötzlich liegen, obgleich er sich gegen die zweifelnden Rühs und Luden vermessen hatte, an der Behandlung des ganzen Mittelalters mit dem gleichen Fleiße ausdauern zu wollen. Er sprang nun zu dem 18. Jahrhundert (1823) über, das er ursprünglich zu einem enge gezogenen

Leitfaden für seine Vorlesungen bestimmt hatte, dann auf Alex. v. Humboldts Rath etwas erweiterte, auch in dieser Gestalt aber nach seinem eignen Geständnisse hastig hinwarf, unvollständig und ohne seine mündlichen Erläuterungen nicht völlig verständlich. Dann folgte die universalhistorische Uebersicht der Geschichte der alten Welt (1826), anfangs in einer gemeßneren Darstellung, weiterhin formloser, zuletzt auslaufend in einen Schlußtheil, der ungehörig nur zugefügt schien, um mit dem Register noch einen Band zu füllen. Nach dessen Beendigung erschien die Umarbeitung des 18. Jahrhunderts mit ausführlicheren literarischen Abschnitten, die allzusichtlich aus dem Collegienhefte erwuchsen, das zum Druck nicht eigentlich vorbereitet war. Kaum war dieß begierig aufgenommene Werk recht im Zuge, so sprang der Verfasser wieder ab, um seiner Geschichte des Mittelalters zwei Bände über das 14. Jahrhundert, wieder in einer verschieden gearteten Behandlung, anzuschieben, nur weil er es dem Verleger so versprochen hatte. Zwischen allem durch gab er dem Freunde Bercht zu gefallen das historische Archiv heraus, und schrieb dem Collegen Bähr zu gefallen zahllose kritische Anzeigen in die Heidelberger Jahrbücher. Als er dann zum 18. Jahrhundert zurückgekehrt war, ließ er sich erst von den Herren Gfrörer und Franck überraschen, seine Einwilligung zu einer volksthümlichen Bearbeitung seiner verschiedenen Werke zu einer allgemeinen Weltgeschichte zu geben, die nachher in befreundetere Hände überging und ihn noch zu einer Ausfüllung der großen Lücken des 15—17. Jahrhunderts aus seinen Heften nöthigte, die begreiflich viel leichter gearbeitet sein mußte als irgend eines seiner früheren Werke. Gewiß, eine größere Verwirrung der Antriebe und Zwecke in einer rastlosen und ausgedehnten schriftstellerischen Thätigkeit, und eine ihr entsprechende Verschiedenartigkeit, Ungleichheit und Sorglosigkeit der Darstellung würde sehr schwer in irgend einem andern Schreiber nachzuweisen sein.

Gleichwohl läßt sich in diesem Wirrsal der Arbeitsmotive des Historikers ein einziger Gesichtspunkt, ein einziges Grundziel erkennen und festhalten, das zwar auch recht den Anschein des Launischen und Formlosen an sich trägt, aber mit Schlosser's eigenthümlichster Natur und seinen besondersten Vorzügen aufs engste zusammenhängt, und das zugleich über die wesentlichsten Abzeichen seiner schriftstellerischen Methode oder Unmethode allen nöthigen Aufschluß gibt. Schlosser war auf einen äußeren Anstoß zum Geschichtslehrer geworden, ehe er noch des historischen Wissens in weiterem Umfange mächtig war. Er bedurfte gedruckter Unterlagen, die in der deutschen Literatur nicht vorhanden waren; er mußte schreiben, als er noch um seiner eigenen Ausbildung willen im Quellenstudium ganz verloren war. So für seine eigne Belehrung sammelnd und für die seiner Schüler schreibend, gewöhnte er sich, das Publicum in geöffneter Werkstätte zum Zeugen seiner Studien zu machen. Dieß erklärt vollkommen die Manier, die er, nach seiner starken Natur, gleich in den Anfängen sich in solchem Maaße angewöhnte, daß er sie auch bei besseren Vorsätzen nie ganz abzulegen vermochte. Die Nothwendigkeit einer Ergänzung seiner Schriften aus anderen verwandten Darstellungen war von ihm oft und immer wieder laut und deutlich eingestanden, und endlich selbstverstanden. In allen seinen Werken ließ er, was Andere genügend behandelt hatten, am liebsten bei Seite liegen. Seine bilderstürmenden Kaiser wollte er anfänglich gradezu so anlegen, daß man Gibbon immer zur Seite haben müsse. Selbst in der formgerechteren Universalgeschichte wollte er sich über bekanntere Dinge „mit Andeutungen" begnügen; in der römischen Geschichte setzte er Niebuhr, in der Geschichte der Kreuzzüge Wilken, um nicht bereits aufgetragene Gerichte noch einmal anzurichten, überall voraus. Für Leser, die keine Bücher zur Hand hätten, sollten die seinigen ein für allemal nicht geschrieben sein. Bei diesen Absichten sah er mit aller Klarheit die Form für gänzliche Nebensache an. Er schrieb in sein „vorsätzlich und der Natur nach trocknes Buch" über das Mittelalter die kahlen nackten Thatsachen nieder, mehr um Haltung als um Färbung, mehr um Sichtung der Quellen als um malerische Darstellung besorgt; er fand es treffend, daß ein geistreicher Mann oft mehr die Noten als Text, den Text aber als Noten betrachtete. Seine Geschichtschreibung ward auf diese Weise früh und spät mehr eine Art fortlaufender Kritik der Quellen und Quellenbenutzung; und wo er einmal diesen Standpunct geradezu und ausschließlich einnahm, wie in dem Aufsatze über Napoleon's Tadler und Lobredner im historischen Archive von Bercht, dort ist er wohl Jedem und offenbar sich selber am behaglichsten, weil er dort, im zwanglosen Hauskleide, am meisten sich selber gleich ist. Mit dieser Eigenheit hängt dann alle Vernachlässigung der Methodik, alle Sorglosigkeit des Stils, alle Flüchtigkeit der Darstellung, hängen selbst viele Mängel in dem, was ihm sonst das Heiligste in seiner Thätigkeit war, in der Beschaffung der Materialien, der Zusammenstellung der Thatsachen zusammen. Mehr einer glücklichen Eingebung als einer philologisch genauen Wägung und Prüfung folgend, schrieb er in raschem Zuge dahin, wobei einzelne Verwirrungen und Uebereilungen unvermeidlich waren. Man braucht sie nicht erst aufzuspüren; er hat ihrer genug ganz aufrichtig eingestanden. Es schlüpft ihm ein Anachronismus von 100 Jahren aus der Feder; er läßt Schlachten gewinnen die verloren wurden, und klassische Werke verlieren die erhalten sind; das Vertrauen auf sein starkes Gedächtniß täuschte ihn in solchen Fällen. Gleichgültig gegen die Hülfs- und Nebenfächer der Geschichte, hatte er für einzelne genealogische, chronologische, geographische Notizen und Einzelfragen, „die die Kinder und Anfänger für die Hauptsache in der Geschichte halten", keinen Sinn; wie er sich seinen Stil von Bercht und Kriegk gleichgültig zustutzen ließ, so ließ er sich bei gelegentlichen Begegnungen von Niebuhr und Müller in solchen Dingen geduldig das Concept corrigiren. Schon die Lebhaftigkeit der eigenen Lernbegierde ließ ihn nicht zu lange auf dem einzelnen Unwesentlichen verweilen. Es ist dann eben diese Lebhaftigkeit, in der er seinem gelehrten Streben von frühe auf einen so ungeheuren Umfang vorschrieb, der immer staunenswerth bleiben wird, wenn er auch zuweilen auf Kosten der Gründlichkeit erlangt ist. Wo ist der andere Geschichtschreiber, der so das ganze Gebiet der Geschichte autoptisch an der ganzen Breite der Quellen durchwandert hätte? Er hatte schon 1823 den Plan gefaßt, der Geschichte des Mittelalters, wenn vollendet, die neuere Geschichte anzufügen; er weilte noch 1830 auf diesem Gedanken, die neuere Geschichte in der Art seiner universalhistorischen Uebersicht zu bearbeiten; und als er inne ward, daß dazu Leben und Kräfte doch schwerlich ausreichen würden, so hing seine Einwilligung zu der volksthümlichen Weltgeschichte wesentlich mit dem Ehrgeize zusammen, wenigstens auf diese Weise die noch ausstehende Geschichte des 14—17. Jahrhunderts nachzuholen: „um doch das Ganze" —, sagte er wohl in einer naiven Freude, ohne (nach seiner Weise) den verständlichen Satz ganz auszusprechen.

Mit dieser Ausbreitung, mit jener Sorglosigkeit und Unvollständigkeit seiner Arbeiten gab Schlosser der Kritik sehr starke Blößen, die sie geschäftig ausbeutete. Die angemessenen Würdigungen und Besprechungen seiner Leistungen, die dann noch so streng hätten sein mögen, ließen auf sich warten, da die kritischen Anstalten für Alle, die außerhalb der literarischen Coterien stehen, bei uns keinen Raum zu haben pflegen; wohl aber wurden ihm überall her einzelne Rügen und Ausstellungen durch anonyme Briefe, durch Verleger und Trätscher, durch ehrliche und unehrliche Freunde zugetragen, mitsammt den gegentheiligen Artikeln, worin die Clienten der in Preußen lange so auffällig beschützten historischen und philosophischen Schulen ihre Meister auf den Schild erhoben. Diesen Dingen gegenüber wäre die einzige Schlosser's würdige Haltung gewesen, daß er, der vom Lob nichts zu hoffen vom Tadel nichts zu fürchten hatte, sich gegen die „bellenden Hunde" der Literatur durchaus schweigend verhalten hätte. Wen hätte in der wissenschaftlichen Welt die Erfahrung nicht verdrossen, daß der tiefsinnigste Philosoph, der erhabenste Poet, der weitsichtigste Geschichtsforscher die Richterwage von den fadesten Schwätzern muß über sich halten sehen, die die literarische Censur als ein Brodgewerbe betreiben? Darüber verbergen die meisten der Betroffenen ihren Unmuth aus Klugheit und Anständigkeit; ein Mann wie Schlosser hätte ihn aus Selbstgefühl nicht einmal empfinden sollen. Ihn aber ärgerten die Vorwürfe Anderer über seine selbst eingestandenen Mängel, und er begann frühe (1817) in seinen Vorreden und Noten, und später in den Heidelberger Jahrbüchern, in den Auslassungen seiner wissenschaftlichen Kritik Repressalien zu üben. In unbekümmerter Offenheit plauderte er dann Alles heraus, was Andere am tiefsten verstecken, die kleinsten Empfindlichkeiten und die größten Verdrüsse, die Eifersucht auf jede Anerkennung die ihn vorbeiging, die Herbheiten gegen fremde Belehrungen, die bitteren verletzenden Aburtheilungen über jede abweichende Richtung; lauter Züge, die einen Mangel an Selbstbeherrschung, an Duldung und Unbefangenheit zu verrathen, einen Staub auf den hellen Charakter des Mannes zu werfen schienen, den man in Widerspruchsgeist und Schmähsucht ganz sich verlieren sah. Und unleugbar waren dieß Auswüchse, die Schlosser's eigensten Grundsätzen gradaus zuwider waren. Auch war er dessen wohl selber geständig. Er bat in der Vorrede zum zweiten Theile seines Mittelalters (1821) seinen zu lauten Tadel über die Flachheiten mancher sonst verdienter Männer ab, inne geworden, daß dieß zänkische Herabsetzen und Verachten leicht Anmaßung im Charakter erzeuge. Gleichwohl waren die großen und starken Züge seiner graden und ganzen Natur in ihm mächtiger als die Gebote der am Ende doch nur conventionellen Pflichten. Denn sicher zählen diese Eigenheiten Schlosser's unter jene Sünden, die von seinen besten Tugenden unzertrennlich sind. Der Homerische Spruch, den er als Motto seinen bilderstürmenden Kaisern vorsetzte:

Ἐχθρὸς γάρ μοι κεῖνος ὁμῶς Ἀΐδαο πύλῃσι,
ὅς χ' ἕτερον μὲν κεύθῃ ἐνὶ φρεσίν, ἄλλο δὲ εἴπῃ,

war seinem ächtesten Wesen entschöpft. Seiner Gradheit und Wahrheit einen Zwang aufzulegen, war ihm im Leben unmöglich, viel weniger in dem wissenschaftlichen Verkehre. Er hatte der Herzogin von St. Leu die private Mittheilung ihrer Denkwürdigkeiten zu danken; mitten in der Bezauberung von ihrer Persönlichkeit aber sagte er ihr öffentlich, daß er mit diesen geistreichen Sachen für seine Zwecke nichts anzufangen wisse. Er war mit Grégoire befreundet und nahm sich des verfolgten Mannes offen an, aber über seine seltsamen Verblendungen erging er sich darum doch in seinem 18. Jahrhundert in naivster Aufrichtigkeit. Ja selbst seinen Dante, dem er die unpartheiische Strenge, die auch jener gegen seine eigenen Partheigenossen übte, ablernte, selbst diesen enthusiastisch bewunderten Meister hat er über die Schulgrillen seiner spitzfindigen Deuteleien der eigenen Werke sehr unsanft angelassen: wie sollte man von solch einem Diener der Wahrheit Rücksicht verlangen gegen die Katheberweisen seiner Zeit oder gar gegen literarische Gegner von unversöhnlicher Feindschaft?

Man würde sich übrigens selbst nur einer Oberflächlichkeit und ungerechten Schmähsucht schuldig machen, wenn man annehmen wollte, daß vor Schlosser's Tadelsucht gar nichts hätte bestehen können, oder daß sie überall und immer nur der Ausfluß von Uebellaune und Galle gewesen wäre. Von ganzen Reihen zeit- und landsgenössischer Geschichtschreiber, die er auf dem Wege ernster, selbstvergessener, wahrheitgetreuer Forschung und ehrlicher wahrhaftiger Bestrebung sah, urtheilte er, weit entfernt von jeder kleinlichen Eifersucht, in stets gleicher Achtung und Ehrfurcht. Dahin gehören die Mascov, Möser, Planck, Wilken, Rehm, vor Allen Spittler, sein Lehrer in Göttingen, von dem man ihn mußte mündlich sprechen hören, um zu erfahren, von wie tiefer Pietät er gegen einen wahrhaft bedeutenden Mann erfüllt sein konnte, und in unabänderlicher Gesinnung auch immer erfüllt blieb. Nur wo er sich in inneren Puncten, die ihm heilig im Leben und das Wesentliche in der Wissenschaft waren, abweichend erkannte, da war seine Abneigung von einer Stärke, die ihm jede Verhehlung und Vertuschung ganz unmöglich machte. Aber man wird in allen größeren Fällen und Beziehungen nicht finden, daß er dabei verurtheilte und vorurtheilte, ohne genaue Kenntniß der Sachen. Er achtete in Gibbon lange Zeit, in Joh. Müller immer den genauen Quellenforscher; sein Mißfallen an dem ersteren ist nach und nach geworden, als er seine Ungenauigkeiten, und mehr noch als er ihre Quelle entdeckte: den falschen rhetorischen Prunk, der ihm auch an Müller lästig ward, und an beiden lästiger, seit er sich über Müller's politischen Charakter enttäuschen mußte und in Gibbon die Freude an dem Wüstlingswesen lüderlicher Roués gewahrte. Der Mißmuth, der dann gegen diese Zeitgenossen zu Tage kommt, ist aber eben so wenig persönlicher Art, oder in den Motiven einer zufälligen Leidenschaftlichkeit begründet, wie sein Gegensatz gegen die Diodor, die Xenophon oder Sallust, die Schreiber längst untergegangener Zeiten; Eine und dieselbe Abneigung setzte ihn aller sittlichen Verderbtheit, aller Grundsatzlosigkeit im Leben, allem Flitter in der Wissenschaft, allem oratorischen Schmuck, aller poetisirenden Schreibart, allen pragmatisirenden Charakteristiken und Seelengemälden, aller malerischen romantischen Manier, aller affectirten Alterthümlichkeit und Zeitfärbung in historischen Darstellungen entgegen. Und wie in diesen Fällen, so schieden ihn überall die bestimmtesten Grundsätze, die mit der Totalität seiner ganzen Natur aufs innigste zusammenhängen, von allen historischen Koryphäen unter den vaterländischen Zeitgenossen ab, von denen er einen und den anderen stets mit Achtung genannt hat, obgleich man aus seinen gelegentlichen Ausfällen oder Stichen gegen Andere, die er nicht genannt hat, schließen könnte, es sei nur Krittel und kleinliche Laune die ihn bewege.

So war es z. B. das Bestreben von Dahlmann, dessen fester, persönlich und wissenschaftlich zuverlässiger Charakter bei Schlosser allezeit in den höchsten Ehren stand, das Theoretische und Praktische zu verbinden, den Geschichtschreiber zum Staatsmanne zu steigern. Schlosser aber, wie sehr er von dem Buchstaben der Wissenschaft zu dem Geiste, aus dem Buch in das Leben vordrang, erklärte sich frühe in dem ganz entgegengesetzten Sinne, dem er zu allen Zeiten unverbrüchlich treu geblieben ist: daß er die Wissenschaft als solche ganz vom Leben trenne, die nur für das Leben vorbilde, das „sich selbst regieren" solle; wie denn nur der wahre Geschäftsmann, der nur wirke was aus den allgemeinen lebendigen Bedürfnissen entspringt, fest stehe wo der Halbwisser schwanke.

Das könnte nun im Extreme einseitig klingen; aber man durfte es auch nach dem Worte nicht nehmen. Oder man mußte es in aller Strenge nach den Worten nehmen, wo (wie so oft in Schlosser's Aeußerungen) unter dem doppelseitigen Widerspruche in seiner Rede die Einseitigkeit verschwindet. Sein Gegensatz galt der Vereinigung des Theoretikers und Praktikers in Einer Person, einer Rolle, in der ihn schon die Theilung der Kräfte besorgt gemacht hätte, zu der Er persönlich auf alle Fälle nicht wäre geschaffen gewesen. Dagegen die Wissenschaft ganz vom Leben zu trennen, ist nicht möglich, wenn sie „für das Leben vorbilden soll": auf diesem Theil seines Satzes aber würde sein Ton gelegen haben. Auch durfte er sich nur nach dem entgegengesetzten Extreme gezogen fühlen, um sich sogleich in einem umgekehrten Gegensatze zu erkennen. Als Stein die Sammlung der deutschen Geschichtschreiber entwarf, lehnte Schlosser die Aufforderung ab, an diesem Nationalwerke Theil zu nehmen. Er ließ nur Nebengründe angeben; der eigentliche Grund war doch nur der, daß er von allem Anfang an ganz unwillkürlich den intimeren Bezug der Wissenschaft zu dem Leben grade suchte, von dem ihn diese Arbeit historischer Philologie hinweggezogen hätte, die bei ihm gewiß in aller Achtung stand, für die er aber persönlich noch weniger geschaffen war, als zu der Praxis des staatlichen Beamten.

Mit dieser Richtung Schlossers auf das Leben hing auch die Entschiedenheit zusammen, mit der er in der reinen Geschichtschreibung alle Ostentation mit Neben- und Hülfswissenschaften, vor Allem aber mit aller abgelegenen antiquarischen, archäologischen und mythologischen Weisheit verpönte. Ihm wie einem Thucydides und Machiavelli und allen Historikern, die vor der universellen Bildungsschule der neuesten Zeit lagen, galt für Geschichte nur der Fluß der Begebenheiten, nicht die Schilderung ruhender Zustände und die Erläuterung stehender Verhältnisse, „nicht das Ausmessen der Räume, wie er es nannte, sondern das Aufzählen der Momente." Es war nicht Grille und Eigensinn, sondern wohlerwogenes Prinzip, daß er die Erforschung der Ur- und Vor- und Mythen- und Göttergeschichte aus der strengen Historie in die Vorschule schob. Ihm war das nicht die Aufgabe des Historikers, sich in dem Chaos der Vorwelt, den Sümpfen der Barbaren und den Wäldern der Brahminen umzutreiben, sondern in den angebauten sonnigen Gegenden der Geschichte das Licht zu suchen wo es ist. Er konnte daher die folgenreiche historische Kritik eines Niebuhr, die philologische Mosaik eines Otfried Müller an ihrem Orte ehren und achten, aber es ward ihm zu viel, als er zu erleben glaubte, daß die Divination zweifelhafter Ergebnisse aus Mythen, Alterthümern und Inschriften die klare helle Geschichte verdrängte, als sich die kritische Mikrologie so breit machte, daß die Historie wie zu einem Beiwerke der Philologie herabzusinken schien.

Und ähnlich verneinend verhielt sich Schlosser der diplomatischen und archivalischen Geschichtschreibung der Ranke'schen Schule gegenüber. Es gibt für die Vielseitigkeit des deutschen Geistes weniges Charakteristischere, als wie diese beiden gegensätzlichen Auffassungsweisen von Beruf und Behandlung der Geschichte dicht neben einander entstanden und ausgebildet sind, sich schroff einander ausschließen und doch gleichsam ergänzend decken, weil jeder das fehlt was die andere hat und jede das hat was der anderen fehlt. Beide Methoden sind wesentlich kritischer Natur und ähnlich fragmentarischer Art. Das Voraussetzen der Vergleichung anderer Bücher ist ihnen beiden eigen, die beide nicht wiederholen mögen, was unzählige male erzählt ward. Die Eine, die die historische Materie in aller umfänglichen Breite ergreift und in einer trockenen annalistischen Darstellung, aber von allen Seiten beleuchtend vorführt, zerstückelt doch das Ganze der Geschichte durch ungleiche, form- und kunstlose Behandlung leicht wieder wie in Bruchstücke; die andere, die mehr nur einzelne Momente auswählend aus einzelnen Gesichtspuncten darstellt und in formgefälliger Memoirenmanier pragmatisch ausfeilt, sucht umgekehrt aus Bruchstücken zusammenhängende Ganze zu bilden; die Eine ergänzt die vorhandenen Geschichtswerke gleichsam aus übersehenen Stellen bekannter Quellen, die andere aus noch nicht gesehenen Urkunden. In diesem Geschäfte das Unbekannte aus unentdeckten Regionen ans Licht zu fördern, sieht die letztere Methode den Hauptreiz der Geschichtforschung und glaubt damit Nützliches und Nothwendiges zu leisten, selbst wenn das Gefundene „an und für sich nicht von unbedingter Wichtigkeit wäre." Dieser im Grunde kleinlichen Ansicht hat der Verfechter der anderen, der die nicht zu bewältigende Unermeßlichkeit des bereits vorliegenden Stoffes überdenkt, die große und ernste Erwägung entgegenzusetzen: wie es die **ausschließliche Eigenschaft der Geschichtswissenschaft** ist, daß sie täglich, mit den fortschreitenden Bildungen der Völker, stets neue in ganz ungeheuren Verhältnissen anwachsende Massen des Stoffes immer unübersehbarer emporthürmt, ohne wie alle andern Wissenschaften eine gleiche Masse als antiquirt bei Seite legen zu können; ihn bewegt daher peinlich vor vielen anderen Gedanken der Eine, wie man in dieser Ueberfülle die Materie auf das unbedingt Wichtigste einschränken solle. Zu diesem Zwecke muß man auf dieser Seite, die zwar wie die geistlosere aussieht, in Geist und Kern der Geschichte vorzudringen suchen, auf der anderen, als die geistreichere gerühmten, besteht man auf der gründlichen Erforschung des Einzelen und läßt „das Andere Gott befohlen" sein. Dieser Methode gehen dann leicht nach umfassendsten neuen Ergründungen die einfachsten Gesichtspuncte in den größeren geschichtlichen Verhältnissen verloren, die die gemeine Betrachtung aus den platten Thatsachen längst ganz sicher abgezogen hatte. Denn ihr liegt immer die Gefahr nahe, daß sie ihre ungedruckten Quellen überschätzt nur weil sie neu sind, und ihre diplomatischen Gewährsleute, nur weil sie als amtliche Eingeweihte über die geschehenden Dinge zu raisonniren wissen: da doch die Stellung des Diplomaten seinem Zeugnisse keinen besonderen Werth ertheilt, wenn ihn der Mann nicht erst seiner Stellung gegeben, da doch an und für sich der Bericht eines Diplomaten keine größere Bedeutung hat, als die Mittheilung jedes anderen fähigen zeitgenössischen Beobachters, der in dem eigentlich factischen Theile der Geschichte den Täuschungen leicht weniger als jener ausgesetzt ist. Nach dieser Ansicht gewinnt es der Wochenbericht eines Diplomaten wohl über die großen Combinationen eines Machiavelli, aus dem nichts gründliches Einzelne, nichts Neues zu excerpiren und zu registriren ist; und nichts könnte frappanter sein, als die Weise der Beurtheilung dieses größten historischen Genies aus beiden Standpuncten einander gegenüber zu stellen. Der Vertreter der Einen Seite würde in diesem Manne den Diplomaten vielleicht beargwohnen, aber den hohen staatsmännischen Geist in ihm nicht verkennen und dem Meister in der historischen Kunst die größte Bewunderung zollen; dem der anderen würde sein Geschichtswerk als eine bloße mittelbare Nacherzählung nach ursprünglicheren Quellen gleichgültig sein, desto schätzbarer aber seine diplomatischen

Berichte, die Arbeit des Handlangers der Florentiner Regierung; vor den bösen Worten seiner politischen Prinzipien, trotz denen er sich (nach den Urtheilen des ersteren) im öffentlichen Wirken als ein großer Bürger bewährt hätte, würde sich der andere entsetzt hinwegwenden und würde dagegen von Herzen lieber einen Schönredner wie Guicciardini rühmen, der sich im öffentlichen Leben handelnd aufs schlechteste bewährte. Und von diesen ersten Unterscheidungen aus dränge man in dieser Betrachtung mit Leichtigkeit in die innerste Verschiedenheit des Verhältnisses beiderlei Geschichtsbetrachtung zu einander und zu ihren großen Objecten, zu der Geschichte der Vergangenheit, zu dem staatlichen Leben in der Gegenwart vor. Denn Gesinnung, ethischer Ernst und politisches Urtheil können unmöglich gleich arten da, wo man vorzugsweise auf die Thaten, und dort wo man vorzugsweise auf die Worte in der Geschichte achtet, wo es dem Manne dieser Methode am heimlichsten, und dem der Anderen am unheimlichsten ist in den Urkunden der Leute, deren Schrift und Wort so oft nur zur Verstellung der Wahrheit dienen muß, für die die Geschichte erst ein Geschehendes nicht ein Geschehenes ist, die in der Befangenheit von Dienern und Schreibern, mit verengtem Blicke, in Rücksichten auf die Herren schreiben für die sie beobachten, und auf die Beobachteten, über die sie berichten. Schlosser glaubte daher frühe nicht vorsichtig genug aus dieser Welt der schleichenden Kabale erzählen zu können, wenn die Geschichte nicht Klatscherei werden solle. Er verschmähte es, in unbegangenen Kohlenschachten zu graben, wo in dem grünen Walde der offen liegenden Geschichte so viel frisches Holz noch ungeschlagen steht. Dieser Methode, die die größere Freude voraus hat am Leben, an Handlungen und Thatsachen an sich, wird es dann ohne jede Absicht leicht, die Natur und den Geist der Personen, der Völker und Zeiten in einer treuen Unbefangenheit abzuspiegeln, die die andere mit aller Kunst sehr viel schwerer erreicht. Denn dazu fördert weit mehr, als die Eröffnung aller Archive, die Beleuchtung der ideellen Antriebe in der Geschichte, die Heranziehung des offenst liegenden Theiles aller Geschichte, der Literatur. In dem Gebrauche, den Schlosser von ihr zur Erhellung des Geistes der politischen Geschichte machte, hat er sein eigenstes bahnbrechendes Verdienst. Er hat dadurch nicht allein die Methode der Geschichtschreibung fruchtbar erweitert, sondern er ist auch wesentlich dadurch ein wahrer Volkshistoriker im besten Sinne des Wortes geworden: nicht durch populare Form und Darstellung, sondern durch seine Hinkehr auf den idealen Theil der Geschichte, auf die geistigen Strebungen im Volke, die von den Veranstaltungen und Einwirkungen willkürlich lenkender Regierungen am unabhängigsten sind, in denen die freiest wirkenden Antriebe der Thatengeschichte gesucht werden müssen.

Auf diesem Gebiete der Literargeschichte wieder wich Schlosser aller eigentlichen Fachwissenschaft, wie aller ästhetischen Betrachtung aus, in einem Maaße, das ihn mit seinem getreuen Schüler, mit mir, und mich mit ihm in öffentliche und private Collision brachte. Auch dabei leiteten ihn ganz bestimmte, stets behauptete Prinzipien, obwohl man nach einzelnen Strudeln seiner Laune hätte schließen können und in meiner Umgebung oft geschlossen hat, daß doch einige absprechende Verwerfung und Rechthaberei gegen den Jünger dabei obwalten werde. Wer ihn aber gesehen hätte, wie er nach Durchlesung des letzten Bandes der Geschichte der deutschen Dichtung, vom ersten Eindruck ergriffen, früh Morgens auf meinen damaligen Landsitz kam, mir mit strahlenden Augen und übersprudelndem Munde in innigster Freude dankte, daß ich in meiner Beurtheilung so vieler Gegenstände und Menschen überall seinen eigenen Gedanken zuvorgeeilt wäre und mit dem frohesten Ausdruck der Erwartung schloß: es müsse doch seltsam zugehen, wenn bei solch einer Continuität gesunder Ansichten nicht zuletzt ein guter Zweck erreicht werden sollte, — der hätte ihn in seiner ächten und wahren Natur gesehen, die, wo sie nur ernst angefaßt wurde, jeder Kleinlichkeit gänzlich fremd war.

Wie Schlosser's wissenschaftlicher Kritik, so liegen in gleicher Weise ganz innerliche, mit seinem Charakter tief zusammenhängende Motive auch seiner sittlichen Kritik zu Grunde, wie häufig auch sie, wie jene, von zufälliger Laune bestimmt scheinen kann. Hört man freilich die schalen Leser, die ihre Bildung und Menschenkenntniß im Romane und im Salon, ihre Politik und Geschichtskenntniß aus der Zeitung schöpfen, über diese Seite in Schlosser's Wesen urtheilen, so stellen sie sich den Mann persönlich als einen mürrischen Sauertopf von kleinmeisterlicher Grämlichkeit vor, so erkennen sie in seinen Schriften nichts als einen moralischen Splitterrichter, der für die politische Größe der Menschen keinen Sinn hat, der über die ausgezeichnetsten Männer der Geschichte in schnöder Verächtlichkeit abspricht, engherzig und einseitig alle Gattungen von Verdiensten miskennt, die nicht in die Linie seiner eigenen Befähigung oder Neigung fallen. Stünde es so mit der Menschheit, daß alle Motive der Bestgepriesenen so schlecht, alle Größe der geschichtlichen Heroen nur falscher Schein, alle bewunderten Großthaten so sehr von häßlichen Kehrseiten entstellt seien, dann wollten Viele nicht begreifen, warum man an irgend einer Geschichte irgend einen Antheil nehme, an dem Leben irgend ein Interesse behielte und nicht verzagend das Buch lieber schlösse?

Auf dergleichen könnte Schlosser antworten, daß ihn, der schon mit 15 Jahren mündig für sich selber sorgen mußte, das Leben nicht sanft angefaßt habe, daß er es von seiner rosigen Seite nicht habe kennen gelernt, daß man ihm nach seinen Erfahrungen Ernst und Eifer zu gut halten müsse. Aber er würde dieß nicht antworten; eine so persönlich gefaßte Entschuldigung stünde auch seinem ganzen Wesen, seiner persönlichen Art zu sein, in keiner Weise an. Denn wie wenig jene so Urtheilenden überhaupt von Menschenbeurtheilung besitzen, das würden sie selber eingestehen, wenn sie sich aus eigener Bekanntschaft über ihre Misgriffe in Bezug auf die Persönlichkeit des Getadelten enttäuscht hätten: der ein durchaus heiterer glücklicher Mensch war, wechselnd zwar, wie jeder Vernünftige, zwischen Ernst und Scherz, zwischen Würde und Läßigkeit, je nachdem sich die Anlässe boten, im Grunde des Wesens aber eine körperlich und geistig zu kerngesunde Natur, um nicht von allen dauernden Launen und Verstimmungen, von einer vorherrschenden Trübe des Temperaments, von Spleen und Säure frei zu sein.

Was Schlosser gegen jene Vorwürfe sagen könnte und sagen würde, wäre dieß: daß man in dem Leben im Großen, in der Geschichte, anders als in Roman und Novelle, eine oberflächliche Freude am Leben bei aller Heiterkeit der Sinne und des Geistes nicht lerne; daß man aus ihrer Betrachtung zwar nicht menschenfeindliche Verachtung, wohl aber eine strenge Ansicht von der Welt und ernste Grundsätze über das Leben einsauge; daß wenigstens auf die größten aller Beurtheiler von Welt und Menschen, die an einem eigenen inneren Leben das äußere zu messen verstanden, auf einen Shakespear, Dante, Machiavelli das Weltwesen stets einen solchen zu Ernst und Strenge bildenden Eindruck gemacht habe. Wer durch eine scharfe Erziehung von Jugend auf gewöhnt wäre, das Gute und Rechte als das selbstverstanden Ordnungsmäßige ohne Lob und Ruhm hingehen zu sehen, nur von dem Sträflichen und Falschen ein Aufheben gemacht zu hören, ihm würde zu keiner Zeit die Schlosser'sche Strenge zu streng erscheinen; und nur zu solchen sinnenden Lesern, die gute Natur, gesunden Sinn und einfachen Verstand mitbringen und ernster Zucht nicht unzugänglich sind, hat Schlosser in seinen Schriften reden wollen.

Was Schlosser gegen jene Vorwürfe wirklich ge sagt hat, das ist gegen die anders Erzogenen gerichtet, die in der Geschichte wie in der Moral eine Methode wollen, die waschen soll ohne naß zu machen, „die das Leben sanft mild umsichtig in allen seinen Beziehungen faßt und billigt, wenn es nur nicht ganz schlecht ist"; dieser Methode zog er allezeit seine rauhe Manier vor, die nicht Furcht hatte, es mit den Menschen zu verderben. Er begriff, daß der ernsten Wahrheit und Selbsttreue die Schonung gegen Welt und Menschen und Verhältnisse nur eine untergeordnete Rücksicht sein könne. Er wußte, daß die „verwaschenen Seelen" jene Eigenheit, überall das Schlimme zu sehen, für „teuflisch" verrufen, aber seine Gewissenhaftigkeit schrieb ihm vor, diesen Vorwurf nicht zu scheuen, wo die Wahrheit nicht gestattete Gutes zu sehen. Er urtheilte „nicht darum scharf, weil er Freude an der Schärfe hatte, sondern weil er es für Pflicht hielt." Seine Catonische Seele wollte „lieber sich selber opfern, als ihrer Ueberzeugung untreu werden."

Diese natürliche grundsätzliche Strenge des Mannes noch zu schärfen, hatte dann allerdings das beigetragen, daß seine Hauptschriften in der Zeit der schmachvollsten aller Reactionen erschienen, deren ganze Tendenz seinen feurigen Geist zum hellen Gegensatze entflammte, in der die Rücksichtslosigkeit der Herrschenden und die Lauheit und Flauheit der Beherrschten den unabhängigen Charakter zu einer ähnlichen Rücksichtslosigkeit des Widerstandes in einem Tone tieferer Entrüstung spannten. Diesen Zug aber, sich einer einseitig herrschenden Strömung, einer überspannten Richtung der Zeit entgegenzustemmen, dem großen Haufen (den er sich bald gläubig bald ungläubig, bald frech bald sclavisch nach Ton und Mode entscheiden sah,) grundsätzlich die moderirende Meinung in die andere Wagschale entgegenzuwerfen, muß man ganz im Großen zur Würdigung von Schlosser's Menschen- und Geschichtsbeurtheilung im Auge haben, man muß in jedem einzelnen Falle wissen, welche herrschende Meinung oder welches öffentlich gefällte Urtheil über diesen oder jenen Gegenstand er gerade (vielleicht ganz stillschweigend) auf das Korn gefaßt hat, um Grund und Recht seiner Urtheile völlig zu durchschauen: dann findet man überall, daß sein sittlicher Rigorismus, den man als den vollgültigsten Beweis einer engherzigen Einseitigkeit nahm, der vollgültigste Beweis einer weitsichtigen Vielseitigkeit ist, die Gabe seiner Natur, die Schlosser vielleicht am meisten zum Geschichtschreiber berief. Er sah den menschlichen Geist „ewig zum Irren verdammt, von einem Aeußersten zum anderen überspringen", ohne je den Weg zu erkennen, der durch die Mitte zur Wahrheit führt; er warf sich dann leicht in der Lebhaftigkeit seines Geistes, als ob es seine Aufgabe gewesen wäre, in allzustarken Schwankungen der Meinungen stets den Berichtiger abzugeben, extrem einem herrschenden Extreme entgegen, der maasvollen Mitte scheinbar selber verlustig, die gleichwohl der ganze Standpunct seiner Bildung und die Frucht seiner Lebenserfahrung war. Er wußte, daß in jeder Wahrheit (bei Beurtheilung der verschlungenen menschlichen Dinge) gemeinhin eine halbe Irrung, in jedem Irrthum eine halbe Wahrheit verborgen liege; und aus demselben Grunde, aus dem er Einmal einer Meinung schroff widersprach, widersprach er ein andermal, ganz sicherlich nie aus bloßer Laune, ganz sicherlich nur aus einem objectiven Anlasse in den äußerlichen Erlebnissen, dem Gegentheile. Man hat ihn in seinen häuslichen Kreisen des Köhlerglaubens spotten hören können, der sich an das Glaubensbekenntniß hing; als aber die deutsch-katholische Bewegung durch das Land ging, setzte er derselben Umgebung den verborgenen Sinn in dem scheinbaren Unsinne desselben Bekenntnisses eifrig auseinander. Zu anderen Zeiten legte er wieder, und immer aus demselben Grunde seiner Vielseitigkeit, die ganz entgegengesetzte Eigenschaft aus, zweideutigen Ansichten selbst aus misliebigem Munde nachzugeben, weil man ja bis zu einem gewissen Puncte ihre Richtigkeit zugeben, und „mitgehen" könne. So war ihm die allseitige, unbefangene Erwägung in seinen historischen Richtersprüchen in einem selbst zu weit gehenden Maaße eigen, das aber grade alles einseitige Absprechen, worüber man ihn gemeinhin anklagt, gradezu ausschließt. In seinen bilderstürmenden Kaisern kann man finden, daß er sich Einmal (p. 214) für die Bilderfreunde entscheidet: weil unter jenem Geschlechte, „das die Wahrheit geblendet hätte, mit dem Sinnlichen bald auch das Uebersinnliche weggetilgt worden wäre"; ein andermal aber (p. 405) stellt er sich auf die Seite der Bilderfeinde: weil der Mißbrauch mit den Bildern alle wahre Religion zerstört und den Verfall des Staates herbeigeführt habe, da der Haufe sich gewöhnte überall Wunder zu sehen und zu hoffen, und deßhalb alle menschlichen Mittel zur Erhaltung des Staates vernachläßigte. Niemand hat ausdrücklicher als Schlosser die Einseitigkeit Derer getadelt, die in der „unendlichen Mannichfaltigkeit menschlicher Charaktere nur gute oder schlechte Menschen, und gar nur an dem eigenen Maaßstabe gemessen, erblicken"; niemand heftiger als Er die Einseitigkeit eben der moralisirenden Beurtheiler gescholten, die, da sie doch wissen, daß die Tugend Aller mangelhaft ist, jede gute Eigenschaft wegleugneten wo sie ein Laster erblickten. Und wer hätte unter den Geschichtschreibern unbefangener, weniger rigoristisch als Er die schrecklichen Charaktere gewürdigt, „deren Größe (in der Meinung verachtet) eine Geißel der Gottheit für das gesunkene Geschlecht wird?" Oder prüfe man doch seine Beurtheilung all solcher dämonischen Größen in der Geschichte im Vergleiche zu ähnlichen Beurtheilungen der mitlebenden Fachgenossen: ob er nicht jedesmal dort seine Unbefangenheit am stärksten bewähren wird, ob er nicht immer an solchen Stellen grade an dem Großen am größten emporwächst, wo die Anderen vielleicht am krüppelhaftesten zusammenschrumpfen? Er hat den edlen Charakter eines Alexander gegen Plutarchs unbegründeten moralischen Tadel geschützt; er hat einem Alkibiades von Plutarchs leichtfertigem Lobe abgezogen; er hat die Größe Gregor's VII. und Friedrich's II. gleich unpartheiisch zu würdigen gewußt; er hat die Bestimmung Bonaparte's zu einem Reformator der Zeit in demselben Momente anerkannt, als er den papiernen Heros, den Las Cases aus ihm machte, verspottete. Es war dem religionssinnigen Manne nicht schwer, von den Himmelstürmern der französischen Literatur, die das Christenthum als ein scheußliches System systematisch auszutilgen strebten, mit der Achtung zu reden, die man mächtigen Hebeln der Geschichte schuldig ist; nicht schwer, den Girondisten Recht zu geben, wenn sie in den Lastern einer so ungeheuren Zeit, wie die ihrige war, einen Unterschied von denen der kleinen Seelen kleiner Zeiten sahen; nicht schwer, in dem schrecklichen Danton das tiefe Gefühl, in dem neidischen Robespierre die Rechtlichkeit, in dem lasterhaften Mirabeau die Geistesgröße anzuerkennen. Nur daß man nicht verlange, er solle die verschiedenen Eigenschaften solch eines Mannes nur mit Einem Namen belegen! Nur daß man nicht wolle, er solle den tiefen sittlichen Ernst, den er in seiner persönlichen Haltung im Leben nicht verleugnete, im Gericht der Geschichte verleugnen! In seinen mündlichen Vorträgen unterschied er, in einem sehr bestimmten Gegensatze z. B. gegen Dahlmann, in sehr betonter Uebereinstimmung mit Machiavelli (was man ihm grade absprechen will) zwischen öffentlicher und privater Moral; aber gerade deshalb fand er es um so nöthiger, im Geiste seines Dante das Virgilische discite justitiam moniti zur Seele all seiner Darstellungen zu machen; um so nöthiger, die Standarte des ewigen

Sittengesetzes hoch empor zu tragen, damit den Kämpfern des handelnden Lebens, die sich im Thateneifer und im Zwange der Nothwendigkeit von ihr verlieren, das Zeichen doch immer im Auge bleibe, damit der Gefahr einer so leicht zu misdeutenden und misbrauchenden Lehre vorgebeugt werde. Wer möchte demnach die sittliche Empfindlichkeit und Schärfe dieses Mannes aus Einem Stücke aus seinen Schriften hinwegwünschen! Es sei, daß sie da und dort die Spuren einer zufälligen Uebellaune trage: dann muß man immer noch wissen, sein eigenes Urtheil, wo es allzu unbillig aussieht, aus ihm selbst zu ergänzen. Er hat beharrlich in seinen Werken verschmäht, die erprobten Leistungen anderer Geschichtschreiber auszuschreiben; viel weniger mochte er sich selbst und seine eigenen Urtheile wiederholen. Ihm stand in seinem starken Gedächtnisse stets vor, was er bereits über diesen oder jenen Gegenstand vorgetragen; er setzte dasselbe Gedächtniß bei seinen Lesern voraus; er hatte seine ganz guten Gründe, wenn er denen, die an seinen Büchern strauchelten, zumuthete, sie noch einmal zu lesen. An seiner Beurtheilung des letztgenannten Heroen der französischen Revolution läßt sich dieß vielleicht am besten, als an Einem Beispiele für Alle, deutlich machen. Wer seine Schätzung Mirabeau's blos aus dem Texte der späteren Ausgaben des 18. Jahrhunderts kennen lernen wollte, der würde allerdings nur ein Zerrbild sehen. Nehme man in Schlosser's Sinne eine Einzige Note in der zweiten Ausgabe des Werkes hinzu, und erläutere sie sich aus den allbekannten Thatsachen, die er nicht wiederkäuen mag, so ist die Gestalt auf der Stelle der einseitigen Charakteristik entrissen. Gehe man aber auf die erste Ausgabe zurück, so wird man die Ausdrücke der unzweideutigsten Bewunderung des

Mirabeau'schen Genius sicherlich nicht verkennen mögen. Und wenn man nun vollends aus Schlosser's persönlichem Umgange weiß, mit welchem Accente diese Aeußerungen gelesen sein wollen (mit dem allein er alles Aechte und wahrhaft Große in einen Glanz kleiden konnte, der zu Begeisterung und Nacheiferung hinriß,) gar wenn man aus seinen Vorlesungen weitere Erläuterungen hinzunähme, dann wird man kein Moment zu der vollständigsten und richtigsten Würdigung des genialen Mannes entbehren.

Leitet uns Schlosser's sittliche wie seine wissenschaftliche Kritik überall auf große Grundsätze und edle Motive zurück, so ist es ebenso mit seiner **politischen und nationalen Kritik**. In keinem Puncte ist die Meinung sicherer als in diesem: daß Schlosser ohne alles politische Prinzip sei, daß vor seiner Tadel- und Schmähsucht jedes Volk und jede Verfassungsform, Republik und Monarchie, Hierarchie und Aristokratie gleich wenig bestehe. Und doch, in keinem Puncte ist die Meinung so entschieden irrig, wie grade in diesem. Schlosser gehört, dieß ist wahr, keiner Parthei und keinem Verfassungsdogma an; kein wahrer Historiker kann es und thut es; dieser hielt es für Pflicht, selbst den bloßen Schein eines Partheimannes zu meiden. Ihm war alle Systematik überhaupt verhaßt, in ihrer Anwendung auf den Staat besonders thöricht. Er mochte das Künsteln, das theoretische Verfassungsmachen und Organisiren, die Freude des Jahrhunderts, nicht leiden, weil er lieber wollte werden sehen, was die Leute machen wollten. Er hielt nicht dafür, daß der beste Staat da sei, wo die besten Gesetze geschrieben und in mächtiger Faust gehandhabt werden, sondern da, wo die besten Sitten sind, wo Zutrauen der Verwalteten und Tugend der Verwaltenden die Zucht und die Befehle am wenigsten nöthig machen. Wer in Schlosser's Werken keinen politischen Grundgedanken hat finden können, der lese sie noch einmal von dem Gesichtspuncte aus, daß ihm überall um das Wohl der Vielen zu thun ist, und daß er jede Verfassung, jeden Stand und jeden Staatsmann haßt, der diesem Staatszwecke entgegenwirkt, und jedem Dank weiß, der ihn zum Zielpunct seines Bestrebens macht. Schlosser war durch und durch ein in der Wolle gefärbter Demokrat. Nur daß man hinter diesem politischen Bekenntnisse bei ihm nicht den Blödsinn suche, den die Meinung des Tags mit dem Namen verbindet. Er urtheilte von den Massen, wie jeder davon urtheilt, der sie kennen gelernt hat; er sah wie Goethe den großen Haufen nur zum Zuschlagen gut, zum Urtheilen schlecht, dem Irrthum hingegeben, von einer Thorheit in die andere sinkend. Aber dieß war ihm nicht ein Grund, daß sich Staat und Regiment von ihm abwende, sondern daß er seine Sorgfalt desto mehr ihm zukehre. Er schärfte mit seinem Dante ein, daß das Volk nicht um des Königs willen, sondern der König um des Volkes willen da ist; ihm wie Lessing bedeutete die Glückseligkeit aller Staatsglieder das Glück des Staates, jede andere, bei der einzelne Glieder und Klassen leiden, war ihm „Bemäntelung der Tyrannei". Aristokrat in seiner Bildungsweise, war er doch mit allen Fasern seiner Natur in die Gesammtheit des Volkes verwachsen und von einem natürlichen Widerwillen gegen alle Hofcarricatur und Adelsüberhebung und Junkerthum durchdrungen; sein College Pastor Scheer in Jever hatte das schon in seiner Jugend von ihm mit platten Worten gesagt: „sein

Wesen zwar ist aristokratisch, aber seine Lehre ist friesisch-frei." Monarchist in der Ueberzeugung, daß für die großen Staaten der neuen Welt ein Einheitspunct nöthig sei und eine höhere Stätte, die dem scheeläugigen Laster der Demokratie, dem Neide, ein mächtiges Gegengewicht halte, war er im Uebrigen nach seiner Gesinnung noch mehr, als nach dem ausdrücklichen Bekenntniß, ein ganzer Demokrat. Er war es in dem Maaße, daß wer ihn im häuslichen Gehenlassen zu hören Gelegenheit hatte, manchmal glauben konnte, er wolle sogar in den Ton der vulgaren Tagesdemokratie ganz mit einstimmen. Wer aber dergleichen Aufwallungen in dem welterfahrenen Manne auf einen frivolen oder unklaren Hang hätte zurückführen wollen, der müßte von der Tiefe dieser seltenen Natur nicht die geringste Ahnung gehabt haben.

Seine demokratische Gesinnung ruhte vielmehr auf den edelsten menschlichen Grundlagen, auf denen sie überhaupt gedacht werden kann. Die gesunde Menschennatur und Unverdorbenheit sah Schlosser immer vorzugsweise in den ärmeren, bedürfnißlosen Schichten des mittleren und unteren Volkes gelegen. Der Mann des inneren Lebens, der überall die äußeren Güter zu verachten und den Werth des Daseins auf den Wegen zu suchen mahnt, die Arme wie Reiche gleich zum Glücke führen, gibt dem Theile der Menschheit, der von den Verderbnissen dieser äußeren Güter entfernter ist, den erhabenen Trost, daß die größten und beglückendsten Wirkungen in der Weltgeschichte von seinen Kreisen aus gemacht worden sind, daß es Söhne von Hirten und Zimmerleuten, von Bildhauern und Bergmännern, arme Fischer und verfolgte Missionäre waren, die die Menschheit „von den Wunden geheilt, die ihr Stolz und Ueppigkeit und Barbarei geschlagen."

Die demokratische Gesinnung Schlosser's ruhte ferner auf den stärksten und natürlichsten nationalen Grundlagen, die gedacht werden können. Er war ein Friese; als ein ächter Sohn des Stammes stolz auf seine Landsleute, die ohne Adel, gastfrei, offen, in alter Art sich kleidend und lebend, abgelegen von der Landstraße, ohne bedeutenden Handel, ihre Treue, Einfalt und Derbheit bewahrt. Wo er über die eitlen monarchischen Versuche der Griechen die Betrachtung anstellt, daß die Idee der wahren Monarchie nur den Germanen eigenthümlich sei, vergißt er nicht den friesischen Stamm auszunehmen, der mehr zur Demokratie geneigt sei; es ist bekannt, mit welcher Ungenirtheit er in jüngeren Jahren Stein gegenüber den glücklichen Zustand seines Vaterländchens pries: weil sie dort vom Adel nichts wüßten. Mit Wohlgefallen kann man ihn auf die einstigen Zeiten zurückblicken sehen, wo unter der demokratischen Regierung der Dithmarsen „eine Belebung des Volkslebens und eine Mannichfaltigkeit des Wesens eigenthümlicher Verfassungen bestand, die man heute, wo der Mensch sich nach den gemachten Formen und nicht die Formen nach den Menschen richten sollen, vergeblich suchen würde." Aus diesem selben Gesichtspuncte ist die ganze Geschichte der griechischen Staatswelt bei Schlosser dem gesunkenen Geschlechte des Tages vorgehalten; aus diesem Gesichtspuncte lesend, wird man seine Betonung der demokratischen Staatsschriften aus der Blütezeit der amerikanischen und französischen Revolutionen ganz anders an das Ohr schlagen hören, ganz anders sein Urtheil über die große Staatsveränderung schätzen lernen (über die er sonst so viel Böses gesagt,) die dem französischen Volke unter der Einbuße der „Schranzenseelen" bei Hof und Adel die seit Jahrhunderten verlorenen Rechte, Güter und Vorzüge — bis auf Moral und Religion — zurückverschaffte. Mit Bewunderung, wie Machiavelli, sprach Schlosser stets von dem einfachen bürgerlichen Leben ohne Luxus in den demokratisch verwalteten Städten der mittleren Zeiten in Deutschland, der Schweiz und den Niederlanden. In seiner Darstellung Alfreds aber und der demokratisch-monarchischen angelsächsischen Verfassung zu seiner Zeit kann man den festen Punct finden, wo Schlosser auf einem Fürsten und einer Staatsordnung wie auf einem Ideale ruht: auf dem Manne, der in seltenem Vereine Gelehrsamkeit, Ordnungssinn, Schlauheit, Frömmigkeit und Tapferkeit verband, und auf der „freien Nation, die sich selbst bewachte und regierte, selbst Ordnung und Zucht unter sich erhielt, nicht aber von oben gegängelt ward."

Solch eine Stelle über eine Periode der englischen Geschichte würden die kaum in Schlosser gesucht haben, die sich an seiner Einseitigkeit geärgert haben, in der er später zuweilen, scheinbar ohne jeden Sinn für die Größe des Inselvolkes, die Engländer mißhandelte. Aber sie ist so wenig zufällig, daß man vielmehr überall, wo Schlosser eingänglicher mit englischer Geschichte beschäftigt ist, eine streng consequente, von allem einseitigen Eigensinne freie Ansicht zu Grunde liegen findet, die zugleich weiter dazu dient, die Consequenz auch seiner demokratischen Sinnesart zu erhärten. Seit Wilhelm dem Eroberer ist ihm die englische Geschichte doppelt anziehend, weil von da an die Gewalt der Könige und der Grundsatz der Feudalregierung stets mit den bestehenden Einrichtungen der alten demokratisch-monarchischen Form in einem schreienden Widerspruche erscheint. In seinem 18. Jahrhundert (erste Ausgabe) trennt er die Geschichte Englands von der übrigen europäischen ganz ab, weil dieß Land allein einem von dem allgemeinen Absolutismus abweichenden Gange gefolgt sei, weil die Monarchie dort im Laufe des 18. Jahrhunderts immer mehr von der Demokratie angenommen habe, weil das Volk in Folge davon in eben dem Maaße aufgeblüht sei, in dem Egoismus, Genußsucht und Ueppigkeit das übrige Europa in schwerere Ketten legte, als Hierarchie, Despotismus und Ritterschaft zuvor. Dann aber sah er seit der Eroberung Indiens die Militärmacht auch in England aufkommen, sah daß von da an Stolz, Unterdrückungssucht, Gold und Geisteslurus die englische Sitteneinfalt untergruben, die Quellen des edleren Lebens vergifteten, den alten Sinn der freien Landbesitzer veränderten, die bis dahin den Kern der Nation gebildet. Als dann seit der französischen Revolution die Reaction dem monarchischen und Adelsprinzip ein gefährliches Uebergewicht verschaffte, sieht man Schlosser auf dem stärksten Whigstandpuncte der ganzen Politik des großen Pitt und seinem geklügelten Toryismus sich in dem stärksten und folgerichtigsten Widerspruche entgegen werfen. Ueber diese bestrittene Politik eines großen Staatsmannes in einer gefahrvollen Zeit ist es immer die größte Weisheit aller Historiker und Politiker, ja selbst so vieler Partheimänner in England selbst gewesen, achselzuckend im Zweifel zu bleiben: wer sollte sich nicht an der köstlichen Entschiedenheit und Schärfe des Urtheils des deutschen Geschichtschreibers freuen, das durch Englands innere Entwickelungen seitdem so gänzlich gerechtfertigt wurde, gerechtfertigt durch die Verläufe aller Revolutionen, die man ihrem eigenen Schicksal ruhig überlassen hat! Es gibt daher kein besseres Beispiel, als grade Schlosser's Beurtheilungsweise der Geschichte Englands in ihrem ganzen Verlaufe, um daran die völlige Falschheit der Meinung darzulegen, daß er keine bestimmte politische Farbe und daß er für keinerlei Nationalität einen Sinn gehabt habe. Denn eben gegen die englische schien er immer Allen (aber er schien auch nur) am stärksten eingenommen, wenn er es etwa nicht stärker noch gegen die deutsche war.

Zielte doch scheinbar Alles in seinen Schriften darauf ab, die Deutschen herabzuziehen vom Anfang bis zu Ende ihrer Geschichte. Schon Tacitus sollte sie in ihrer ersten Jugend des Contrastes wegen zu sehr erhoben haben. Er verabscheute sie in den Zeiten, wo er byzantinische Hofverderbniß, Prunk, Pedanterie und Tücke, all seinen Abscheu, bei ihnen einschleichen sah; er schüttete seinen Zorn darüber aus, wie sie in den Jahrhunderten der starken Kaiser den Fremden mitspielten, und in der Zeit der schwachen sich von ihnen mitspielen ließen. Deutschlands Verworfenheit und Untergang um die letzte Scheide der Jahrhunderte zu schildern, verschmähte er aus Rücksichten auf Klugheit und Anstand, aber eben so sehr aus Scham, aus der Scham über eine schandbare Zeit, über deren genauer Erforschung er jene tiefe Entrüstung einsog, die ihn in den starken Gegensatz gegen sein Zeitalter überhaupt warf. Für die glänzende Zeit der deutschen Literatur schien er allen richtigen Sinn ganz zu verleugnen, wenn man seine Wärme für manche Größen des dritten Ranges, seine Kälte für die des ersten in Erwägung zog. Ja selbst für die Befreiungskriege schien ihm, wenn man blos aus seinen Büchern urtheilen sollte, alle natürliche Wärme eines Patrioten zu entgehen. Allein auch in diesen beiden Fällen muß man nicht vergessen, daß der Mann es einmal nicht über sich bringen konnte, das nachzusprechen was von Anderen im Ueberflusse gesagt war; man muß nicht ver-

gessen, daß enthusiastische Darstellung die Sache eines so formlosen Schreibers überhaupt nicht war, selbst da nicht, wo er jene
aus Jugend stammende Begeisterung wirkend erkannte, die seine
Bewunderung war, ohne die er die Menschengeschlechter in Kälte
und Selbstsucht versinken sah. Man muß auch nicht vergessen, daß
jeder Geschichtschreiber die großen Erscheinungen des Augenblickes
unwillkürlich mit ihren Folgen und Wirkungen im Flusse des Jahrhunderts übersieht, wo sie von der erreichten Höhe so bald wieder
in die Tiefen herabgleiten. Wenn Goethe, in ähnlicher Schwer-
gläubigkeit an die Deutschen, bei dem Gedeihen der Dinge von
1813 Alle aufrief, ihr Amen drein zu sagen, daß es nicht das
letztemal möge gewesen sein, hätte sich Schlosser gewiß bedacht es
mitzusprechen, voraussehend, daß es für lange Zeit das letztemal
gewesen war. Die ihn in jenen Zeiten persönlich kannten, wissen
es sehr genau, mit welcher Schärfe er die Ereignisse und die
handelnden Personen verfolgte, mit welcher Bestimmtheit er den
Gang der kommenden Dinge voraussah und sagte und seiner Umgebung frühzeitig die Augen darüber öffnete; wie ihn der Kummer
über die Erlebnisse der Restauration zu seinem Plato und Dante
zurücktrieb, die Herzenswärme aber für seines Volkes Geschicke den
Blick ihm immer wieder gewaltsam auf die Gegenwart lenkte. Ihm,
der die Last und Schmach des Napoleonischen Systems auf deut-
schem Boden ganz ausgekostet hatte, konnte es füglich an Sinn für
die Thaten nicht fehlen, die Deutschland davon befreiten; aber was
er gleich nach diesen Großthaten wieder an Kleinthaten und Schand-
thaten erleben mußte, das steigerte begreiflich seine Mißstimmung
über sein Volk um so mehr, je mehr er es liebte. Er rühmte sich
(1844), seine Zeitgeschichte einzig für die Deutschen bestimmt zu

haben, deren Beifall ihn um so mehr verpflichte, je weniger er (dem Beispiel Dante's gegen seine Vaterstadt folgend) „**grabe aus Liebe zum Vaterlande** der Landsleute Schlaffheit, Grübelei, öde Gelehrsamkeit, Ueberfluß an Rednern und Schreibern und Mangel an Männern der That, oder ihre Faselei und akademische Rohheit geschont habe." Und es mag der Nation auch zum steten Ruhme dienen, daß sie in der That des strengen Lehrers heftige Straspermone ertragen hat, ohne aufzuhören ihn zu achten und zu lieben. Sie hat auch unter ihren Schriftstellern nur selten wieder so ächt deutsche Naturen wie ihn besessen. Das müssen nicht wenige seiner persönlichen Freunde erkannt haben, wenn sie ihn hörten, wie er über die Natur der Völker redend von Engländern und Franzosen zurückkam und mit dem festen Munde und der gestemmten Brust, in seinen nachdrucksvollen Kehltönen den Vorzug deutscher Art mit dem stolzen Gefühle erprobter Erfahrung betonte. Selbst die unpraktische Natur der Deutschen fand dann ihre Ehren, die sonst seine Geißel so sehr zu empfinden hatte. In seinen Studien von früh auf ganz universalistisch ausgebreitet, war er in letzter Zeit fast ausschließlich mit Frankreich beschäftigt; den Gang der gegenwärtigen Zeit studirte er an englischen Zeitungen und Zeitschriften; in seinem häuslichen, gemüthlichen, geistigen Leben war er mit Leib und Seele ein ganzer voller Deutscher, und nichts als ein Deutscher; den schon der Versuch, eine andere Rolle selbst nur zu spielen, aufs lächerlichste gekleidet hätte.

Es sind nicht eben die gleichgültigsten Leser, es sind aber doch oberflächliche oder voreingenommene Leser, die, durch Schlosser's Herbheit in seinen ethischen Urtheilen über Menschen und Zeiten, durch die Schärfe seiner politischen Urtheile über Volks- und Lebenszustände abgestoßen, aus seiner Darstellung der Geschichte im großen Ganzen die traurigen Eindrücke empfangen, daß die Menschheit nur ein großer ungejäteter Garten, die Geschichte nur ein planloser Haufe von Begebenheiten sei ohne vernünftige Zwecke und Ziele. Es ist wahr: Schlosser's Geschichtschreibung trägt nirgends auch nur von ferne einen teleologischen Charakter. Sein Nachdenken wies ihn, seine Lehre weist uns nirgends auf das Ziel einer bestimmten Vollendung, auf einen einstigen Heilszustand dieser irdischen Menschheit hin. Aber darüber wird man ihn, den Geschichtschreiber, nicht vertheidigen sollen? Er hat als solcher mit der Vergangenheit zu thun, die man weiß; wem es um die Zukunft zu thun ist, die man ahnen oder glauben muß, der begibt sich richtiger in die Theologie zurück. Wahr ist auch dieß: Schlosser in seiner tiefen Abneigung gegen alles Philosophiren und Spintisiren ist nirgends anders als in seltenen Andeutungen und Winken, nirgends in methodischer Besprechung auf die letzten geschichts-philosophischen Fragen eingetreten, wiewohl er seine Universalgeschichte als eine Art Philosophie der Geschichte wollte angesehen wissen. Er gewahrte in dem Flusse der Geschichte nichts als Bewegung, stete Veränderung, steten Wechsel, eine Welle die andere überschlagend, keinen Anfang, kein Ende in diesem ewigen Strome der Dinge; aus der Betrachtung aber dieser unermeßlichen Bewegung entnahm er als das Endergebniß aller Erfahrungen, das er doch so deutlich als möglich am Anfang seiner Universalgeschichte aussprach, als den „ersten und letzten Satz aller Geschichte" dieses: daß das menschliche Geschlecht unter allen diesen Revolutionen sich stets weiter entwickelt, daß „stets aus dem Tode das Leben, aus dem Verblühen des Einen Theils das Aufblühen eines anderen, aus jeder Verwesung eine Auferstehung hervorging." Man kann nun kaum errathen, was die frömmsten und gutmüthigsten, ja was selbst die allerschwächsten der Sterblichen für ein tröstlicheres Ergebniß aus der Geschichte gezogen haben möchten? welche Ansicht eine stärkere Beruhigung grade über die traurigsten und niederschlagendsten Erscheinungen in der Geschichte, über die tragischsten Perioden des Rückschritts, des Verfalls und der Entartung, zu gewähren vermöchte? Und diese Ansicht hat Schlosser noch dazu den Frömmsten grade unter der eingänglichsten Form entgegen geboten.

Schlosser war in seiner Jugend zum Theologen bestimmt, und das nicht ohne eigenen inneren Trieb und Beruf. Den positiven Glauben zwar behauptete er schon in der Schule nie gehabt zu haben, wo er die Religionsstunden durch sein Ankämpfen gegen die vorgetragenen Lehren beständig gestört habe; auch als ihn in Göttingen in Planck's Vorlesungen die Consequenz des alten Systemes anzog, wollte er doch seine Gründe niemals zugeben; und er sprach in seinen jungen Jahren, so lange er dem Berufe nicht gänzlich entsagt hatte, viel und oft von der Nothwendigkeit einer gänzlichen Umgestaltung der Theologie. Wozu ihn aber der Glaubensdrang nicht trieb, dazu trieb ihn der Hang zur Beschaulichkeit, trieb ihn die warme Phantasie, die die bildlichen Volksanschauungen in geistige Formen zu übersetzen verstand, trieb ihn später (in Frankfurt) im Amte des Lehrers, dem nach seiner Ueberzeugung den bestehenden Glauben in Ehren zu halten oblag, der Gegensatz gegen die frivole, religionsverächterische Mode des Tages, den er mit Stein, mit Fichte, mit Schleiermacher, mit allen Ehrenmännern jener Epoche des inneren Aufschwungs in Deutschland theilte. Schlosser's ganze Natur war eine tief innerlich religiös erregte, obwohl seine Religiosität von allem positiven Bekenntnißwesen und äußerem Bezeigen entfernt war. Er besuchte die Kirche nicht, aber er sann im ernstesten Nachdenken über die Geheimnisse des Jenseits nach, über die die Geschichte keinen Aufschluß gibt; er las die Evangelien, die prophetischen Schriften der Bibel und Luther's Predigten und Bibelerklärungen aus einem inneren Bedürfnisse; er las freilich mit der gleich erbauten Andacht, und erklärte mit der gleich erbauenden Wärme auch die Dichtungen des Aeschylus und Dante. Denn ihm waren die großen Lehrer jedes Glaubens in jedem Volke heilig; er freute sich mit seinem Abälard der christlichen Denkart in Plato und Sokrates, er sah in dem Hirten-Chalifen Omar, der in der höchsten Stellung der Welt die irdischen Güter verachtete, einen würdigeren Philosophen als in vielen christlichen Theologen. Der frivole Voltairismus war ihm ein Greuel; und wenn er schon frühe die Aufklärung jenes Abälard mit begeisterter Wärme pries, der, eine Philosophie lehrend die das 18. Jahrhundert noch nicht ertrug, die Religion von dem sittlichen Wesen des Menschen, den Glauben von der gesunden Vernunft nicht scheiden wollte, so freute er sich ihrer wesentlich darum in so reiner Freude, weil Abälard das theologische System seiner Zeit unangefochten stehen ließ und ihm nur eine Seite abzugewinnen wußte, von der es auch den Denkenden befriedigen konnte. Er sah die Freigeisterei in stumpfen Geistern nicht besser wirken als die Mönchslehre; er beklagte die Zeiten, in denen die religiösen Grundsätze schädliche Folgen im Leben hatten, aber doppelt doch die anderen, wo sie gar keine mehr haben. Er scheute nicht, die Freidenkerei in Frankreich auf ihre guten Seiten anzusehen in ihrer Zeit, wo es nicht möglich war, „den ganzen blinden Glauben oder betrügenden Aberglauben wieder aufzudringen;" aber er blickte dann doch mit mehr Freude auf Rousseau, der „dem blinden Unglauben eben so entgegen war wie dem blinden Aberglauben;" mit größerer noch auf einen Möser, der dem Despotismus in Sachen des Glaubens wie im Staate nicht mehr abgeneigt war, als der gesetzlosen irreligiösen Freiheit, und auf Lessing, der mitten im Kampfe gegen den Zelotismus sich als einen Philosophen bewährte, „dem eine starre Religion immer noch lieber als gar keine war." Die Scheinfrommen, die im Handeln ihren Grundsätzen Schande machen, waren sein größter Abscheu; aber der aufrichtigen Pietisten nahm er sich gern an gegen den neuen strohernen Scholasticismus der Stockutheraner: ihm galt es vor Allem darum, daß durch die Religion den Menschen stets das Bewußtsein wach erhalten werde, daß sie einer höheren Ordnung der Dinge angehören.

Von diesen religiösen Empfindungen und Anschauungen nun sind Schlosser's Schriften besonders in ihren Anfängen ganz getränkt. Er knüpfte daher den Weltlauf ganz unmittelbar an eine jenseitige Ordnung an. Er sah Lohn und Strafe der menschlichen Thaten von dem Gerichte der Gottheit in ein Jenseits verlegt; und er hielt mehr als auf viele schlechte Rechtfertigungen der Vorsehung durch christliche Theologen auf die einfache Weisheit jenes selben Omar, der die Belohnung der Tugend nur in einer anderen Welt erwartete. Diese Ansicht nun von einer ultramundanen Vergeltung müßte doch selbst den Religiösesten selbst über die trostloseste Gestalt der Geschichte trösten, die sie unter Schlosser's gallgetränktester Feder annehmen möchte. Dem psychologischen Kenner der Menschen ist sie, grade an dem Geschichtsforscher, eher anstößig: der in dem Geiste der Alten auf jene verborgene Nemesis zu lauschen berufen ist, die in dem Menschenleben die Wage zwischen Thun und Leiden hält viel gesetzmäßiger unstreitig, viel durchgreifender als wir es in dem Leben der Mitmenschen ergreifen und erforschen können, und in unserm eignen uns vielleicht gestehen wollen.

Auch hat Schlosser selber diese Ansicht später fallen lassen. Es kam eine Zeit, wo ihn die Rücksicht auf den Stand der Religiosität und Sitte im Volke nicht mehr abhielt, in den großen Fragen, wo die Geschichte an die Mysterien der Einwirkung übermenschlicher Gewalten anstößt, einen ganz rationellen Weg zu gehen; wo er versucht war, in der Lehre der Naturforscher seine Ruhe zu suchen, die, fälschlich Materialisten und Pantheisten gescholten, „in dem innigen Zusammenhang aller Naturerscheinungen Gott schauten." Da er aber zu wenig Kenner des Zusammenhangs dieser Erscheinungen war, und ihm überdieß immer die Thatsache im Wege stand, „daß, wie sich der Apostel ausdrücke, der Geist in ihm streite gegen das Fleisch außer ihm", so fuhr er fort an eine doppelte Welt, eine äußere und innere zu glauben; und in diesem Glauben hielt er auch dann allezeit fest an der Ansicht, daß kein Ding auf Erden aus dem Zufall stamme, daß ein nothwendiges Gesetz und ewige Ordnung das Große und Kleine verbinde, daß eine leitende Vorsehung alle Geschichte durchdringe, wie abgebrochen die Töne sind, die wir von dieser „Melodie des Schicksals" erhaschen. An diesem Glauben irrte ihn selbst seine starke Ueberzeugung von dem freien Willen des Menschen nicht, die er mit allen klaren Erforschern der menschlichen Natur, mit Machiavelli, mit Shakespeare, mit seinem Dante (par. V. 16.) in gleich schlichter Einfachheit verfocht, die er in lebhafter Animosität gegen die physiologischen Ansichten jüngerer Historiker, und gegen die Nationalökonomen vertrat, die von den Menschen „wie von Gänse- und Schafheerden sprächen." In welches Verhältniß er die menschliche Freiheit zu der eingreifenden Lenkung der Gottheit setze, wie er sie mit der göttlichen Vor- und Allwissenheit in Einklang bringe, darüber hat sich Schlosser freilich nie ausgelassen, und es wäre ihm bei seiner durch und durch historischen Denkweise schwer geworden es zu thun. Er sah in der geschichtlichen Welt einen Gott walten, „der sein Gesetz in sich hat und in dem Gesetze sein Wesen nach und nach dem menschlichen Geiste offenbart;" aber wenn er darin von den theistischen Vorstellungen der Theologen abzuweichen sich bewußt war, so verleugnete er doch auch, in die pantheistischen verfallen zu wollen. Man erkennt überall, daß er eine Mitte zwischen dem Pragmatismus, der Alles in der Geschichte aus menschlichen Kräften erklärt, und dem Determinismus halten will, der ein unmittelbares Eingreifen der vorherbestimmenden Gottheit statuirt: aber der Gedanke des Lesers bleibt überall frei, wie er sich in dieser Mitte einrichten will; denn Schlosser selbst hat sich ihn freigehalten, begnügt bei dem Instincte und Gefühle, das ihn von den Extremen entfernt hielt, denen er wechselnd verfallen scheinen kann. Wenn er sich gegen die Abhängigkeit der Menschen von örtlichen, zeitlichen und physischen Gewalten setzt, kann es scheinen, daß er die menschliche Freiheit bis zu einem unstatthaften Maaße behauptet; doch mußte man ihn bei den Fortschritten der Naturforschung, bei dem ersten Erscheinen z. B. von Ritters Erdkunde reden hören über ihre Tendenz, zwischen den inneren und äußeren Dingen die feinen Zusammenhänge zu erforschen, oder man muß seine Beurtheilung jener geschichtlichen Verhältnisse lesen, in denen kühne Menschen sich eigenwillig sträubend gegen eine zwingende Macht der Zeit ihren Untergang finden, um sich von dem Gegentheile zu überzeugen. Wieder an anderen Stellen könnte man glauben, daß er den Begriff der Weltregierung zu strict in dem Sinne einer persönlichen Leitung Gottes und seiner besonderen Rathschlüsse fasse, wenn man sich nicht jeden Augenblick von seiner Behauptung der freien menschlichen Selbstbestimmung zurückgerufen fände. Wäre man ihn um eine Rechenschaft angegangen, so hätte er die Frage den Philosophen zugeschoben. In seiner Geschichtslehre kam es ihm nur darauf an, praktischen Geist zur Erfassung des Lebens, graden Sinn für Beurtheilung von Welt und Menschen zu wecken, historische Beobachtungsgabe zu entwickeln. Bei seinem großen Geschicke, durch vergleichende Blicke auf analoge Perioden in der Völkergeschichte die eine durch die andere zu erläutern, hätte es ihm nahe gelegen, auf die zwingenden Naturgesetze in der Geschichte vorzudringen, aber er sah dieß mit Recht als anderen Disciplinen zuständig an. Er hätte es für unhistorisch gehalten, in der Geschichtserzählung, die ein Gewühl scheinbar zufälliger Erscheinungen darstellt, das Gesetzliche, das selbst dem Auge des Kenners tief versteckt ruht, in allzu grelles Licht zu rücken. Aber daß er überall in den menschlichen Dingen den Durchblick auf solch eine innere Gesetzmäßigkeit der Entwicklung, auf eine Regel und Ordnung in der Bewegung, auf eine Stetigkeit in dem

Wechsel offen hielt, daß er eine sittliche Weltordnung in der Geschichte walten sah, diesen Eindruck muß ein uneingenommener Leser aus Schlosser's Werken, wenn er sie ganz und Alle kennt, aufs unzweideutigste empfangen.

Ich will zusammenfassend in die Summe ziehn, was als Ergebniß dieser getheilten Betrachtungen erscheint. Es ist umsonst, die äußere Systemlosigkeit und Formlosigkeit der Schlosser'schen Werke zu leugnen; man muß sie von dieser Seite dem Tadel derer, die über Außenseite und Oberfläche nicht hinwegsehen können, Preis geben. Diese Mängel aber leiten überall auf entschiedene Vorzüge zurück, denen sie gleichsam entsprossen sind. In Bezug auf seinen kunstlosen Vortrag hat der eigenthümliche Mann, der so unaufgelegt und so unfähig zu Reflexion schien und gleichwohl jeden Augenblick von dem Momente überrascht erscheint, wo er im hellsten Bewußtsein über allen seinen eigensten Eigenschaften stand, oft selbst gesagt, daß sein Stil zu sehr mit seiner Denk- und Bildungsweise zusammenhänge, als daß er nicht lieber dessen Fehler beibehalten wolle, um nur sein eigen zu bleiben. Er beharrte dabei, weil ihm aller Geistesglanz überhaupt verdächtig war, weil er frühe den traurigen Einfluß gekünstelter Rede auf Bildung und Geschmack eines Volkes aus der byzantinischen Geschichte, an dem größt denkbaren Beispiele, erkannt hatte. An der eleganten französischen und englischen Geschichtschreibung konnte Schlosser die Gewandtheit der Anordnung, Darstellung und Schreibweise bewundern, ohne sich zu verhehlen, daß selbst in den geschichtsinnigsten Schreibern dieser Nationen der Sinn für schlichte Einfalt, Wahrheit und Unbefangenheit unter dem formellen Aufputz verloren geht, in dem oft durch eine einzige Phrase, ein einziges Wort, das um des Wohlklangs und der Wirkung willen gesetzt ist, ein ganzer Gegenstand in schiefe Stellung gerückt wird. Nicht minder geht mit dieser Bevorzugung der äußeren Form die Gabe verloren, sich in fremde Zeit und Volksnatur zu versetzen, die das Fähigkeitszeugniß des Historikers in erster Linie bezeugen muß. Schlosser gefiel sich darin, halbe Seiten seiner Weltgeschichte mit Stellen aus alten Sprachen zu füllen, weil er dieß als den kürzesten Weg erkannte, das Bild der Zeiten unverdeckt von allem rhetorischen Firniß wieder zu geben. Er hat in seinen Herzensergießungen oft sehr verächtlich auf alle Objectivität verzichtet, in der That aber war er von früh auf ganz durchdrungen davon, daß der Geschichtschreiber, der „die Größe der menschlichen Seele in den Ereignissen aller Zeiten würdigen will, zuerst verstehen müsse, sich mit der Denkungsart jeder Zeit vertraut zu machen." Aus dieser Ansicht ergab sich der Erfolg, daß uns seine Schriften unabsichtlich und ungesucht, trotz allem Mangel an ästhetischer Kunst, trotz aller ungelenken Schreibart, vielleicht grade wegen dieser Eigenheiten, unmittelbarer als sehr viele kunstreichere Geschichtswerke in die Fremde und Ferne der Völker und Jahrhunderte versetzen, daß trotz der vertretenden starken Persönlichkeit eine Gegenständlichkeit erreicht ist, die dem ästhetischen Darsteller nicht gelingt, und die um so belehrender scheint, je stärker die Farbe der Persönlichkeit beigemischt ist: da uns alle Objectivität ganz werthlos dünkt, die um den Preis einer nichtigen Subjectivität erkauft ist. Die Unmittelbarkeit seiner Quellenkenntniß und seiner Beurtheilung der Zeiten stellte Schlosser von Anfang an in Gegensatz gegen die deutschen Geschichtschreiber, die von Voltaire's Beispiel bestimmt waren und damals noch im höchsten Ansehn standen: die Schiller, Woltmann, Joh. Müller in seiner allgemeinen Geschichte, später Rotteck u. A., in deren Schriften des Schreibers Geist den Geist der Zeiten zudeckt. Dieß gab seiner scharfen Kritik, die gegen diese geistreiche Art Geschichtsmacherei niemals zu scharf sein konnte, zunächst den Ursprung. Den Irrwegen dieser Schule gegenüber war in Deutschland der Trieb rege geworden, die Historiographie ganz am anderen Ende anzufassen, an der genauen Erforschung und Zusammenstellung der nackten Materie: in diesem Bestreben lag Keim und Entstehung unserer vaterländischen Geschichtswissenschaft. Als Wilken 1810 seine Kreuzzüge, Niebuhr 1811 seine römische Geschichte herausgab, Schlosser in eben diesem Jahre seine Weltgeschichte begann, schien dieß ganz eigentlich das Geburtsjahr unserer selbständigen Historiographie zu sein, eben zu der Zeit, als die Nation, von Fremdherrschaft und Auflösung bedroht, ihrer politischen Ehre und Pflicht zum erstenmal anfing inne zu werden. Seit dieser Zeit begann, mitten in der romantischen Entartung unserer Dichtung, die historische Kunst an innerm Werthe und an Bedeutung für Kultur und Leben des deutschen Volkes an die Stelle der poetischen Kunst zu rücken; und es ist wohl unbestreitbar, daß Schlosser unter jenem Triumvirat der war, der dazu den stärksten und nachhaltigsten Anstoß gegeben. Wilken schritt zuerst zu einer erschöpfenden quellenmäßigen Darstellung einer großen Geschichtsperiode, Niebuhr gab in Wolfs Fußtapfen tretend der historischen Kritik einen weitwirkenden Anstoß, Schlosser bewies den Verfassern der allgemeinen

Weltgeschichte, den Schröckh, Mascov, Ritter, Engel u. A. gegenüber, daß mit ihren Materialsammlungen nicht Alles gethan war: er begann den Geist in diesen Körper zu flößen selbst in seinen ganz stoffartigen Anfangswerken. Denn man muß nicht vergessen, daß, als er sein Mittelalter schrieb, in Deutschland nichts über den Gegenstand existirte als ein schwaches Buch von Rühs (1816); daß noch, als er seine alte Geschichte umarbeitete, er sich in Deutschland nichts gegenüber sah, als einer lateinischen Compilation von Eichhorn, und im Auslande einem Partheihistoriker wie Mitford und einem urtheilslosen Ausschreiber wie Gillies: man muß nur den Abstand messen, der ihn von diesen Vorgängern trennt, und diesen Abstand mit dem Vorsprung vergleichen, den Schlossers Nachfolger in mittlerer und alter Geschichte wieder vor ihm voraus haben, um zu ermessen, was hier geleistet war. Welch ein Schritt in Deutschland durch das Beispiel jener drei Männer damals gethan war, erkannte man gleich an den unmittelbaren Folgen: in Niebuhrs Spuren trat eine kritische Schule, die in der alten Geschichte ganz neuen Boden bereitete; auf Wilken und Schlosser folgten die zahlreichen Werke über das Mittelalter und einzelner seiner Theile, von Rehm, Raumer, Manso, Stenzel, Aschbach u. s., deren Werke z. Th. nachweislich auf die Fingerzeige und Winke von Schlosser unternommen sind. Was gab aber Schlosser's ungefügem Buche trotz aller seiner Schwerfälligkeit diesen großen belebenden Einfluß? Nichts als die geistige Gesundheit der Anschauung, die das Genie des Historikers am eigentlichsten kennzeichnen wird; nichts als die verständige Kritik und das unbefangene Urtheil, das sich dort selbst greiflich macht, wo des Geschichtschreibers Arbeit nur ein

Mosaik aus entlehnten Steinen und Farben zu sein scheint; und auf das jeder Forscher auch künftig nie ohne Frucht zurückgehen wird. War Niebuhr's Kritik auf die Richtigstellung der objectiven Thatsachen gestellt, so Schlosser's auf die Richtigstellung des historischen Urtheils. Der eingestandene Zweck all seiner Schriften war der Eine: durch Takt und sicheres Urtheil seine Leser zu eigenem Denken anzuleiten, in der Sichtung, Ordnung und Feststellung der Thatsachen „alle Elemente zum Selbsturtheilen zu geben." Und an welchem größeren Gegenstande war die Probe des „sichern" geschichtlichen Urtheils damals zugleich heilsamer und schwieriger zu geben, als eben an der Geschichte des Mittelalters? Wo die größte Unbefangenheit nöthig ist, um in den Quellen den richtigen Weg zu finden durch die Stimmen der stumpfen Köpfe wüthender Partheischreiber, die sich in den vagsten und grellsten Darstellungen aufs gradeste widersprechen? wo die größte Unbefangenheit damals nöthig war, den richtigen Weg zu finden auch durch die zeitgenössischen eben so grell entgegengesetzten Urtheile der Rationalisten, die in Hierarchie und Feudalismus ein einziges System schlauer Herrsch- und Unterdrückungssucht verdammten, und den Romantikern, die für das Zeitalter des Faustrechts und der Verdunkelung schwärmten? Was war da nicht eine so neidwürdige Selbständigkeit wie die Schlosser'sche werth, jene bloße unbekümmerte Sicherheit, die frisch, keck, kräftig, ohne viele Worte das Urtheil des Lesers überall des gradesten Weges wies, auf dem jetzt jeder unter uns sicher und wohlgemuth wandert, aber nicht wanderte, ehe dieser Wegweiser gekommen war. War es also Verirrung, daß man damals eine historische That in dem scheinlosen Werke des Mannes erkannte, dem es eine gleich große Grimaſſe war, das Mittelalter aus Voltaire's Augen anzuſehen, wie ſich zu zwingen, „aus unſerer Zeit der Kultur oder der Schwäche heraus" die ſchauderhaften Greuel der Gewalt in den mittleren Zeiten zu bewundern?

Es war eine größere hiſtoriſche That, die dieſer erſten folgte, als Schloſſer ſein 18. Jahrhundert herausgab, in dem er von der bloßen wiſſenſchaftlichen Kritik zu der ſittlich politiſchen Kritik der dargeſtellten Zeiten und Handlungen überging. Hat Niebuhr den Anſtoß zu einer rückſichtsloſen Freiheit der Kritik gegeben, die eine neue Aera geſchichtlicher Forſchung begründete, ſo hat Schloſſer, als Spittlers ächter Schüler, den von dieſem zuerſt eingenommenen Standpunct weiter angebaut: der Geſchichtſchreibung einen praktiſchen Bezug auf die Zeitverhältniſſe zu geben, die Gegenſtände der Behandlung zu wählen nach einem Bedürfniſſe des Moments, ſie zu bearbeiten aus einem Augenpuncte, der von dieſem Bedürfniſſe beſtimmt iſt. Dieſen ächteſten Standpunct des wahren Hiſtorikers nahm Spittler mehr in Folge einer kalten verſtändigen Erwägung. Schloſſer nahm ihn in dem Drange ſeiner ganzen Natur ein, die ſelbſtlos nach dem Allgemeinen ſtrebend in und mit der Zeit und Menſchheit lebte; und dieſe Tendenz iſt dann wieder in grader Erbfolge auf beider Meiſter Schüler und Enkelſchüler übergegangen, die ihr hiſtoriſches Vermögen noch unmittelbarer zum Gemeinnutzen der vaterländiſchen Dinge anzulegen ſtrebten. Schon in Schloſſer's biographiſchen Anfangswerken und in ſeinem Mittelalter, wo er noch dieſe Stellung ganz verleugnete, hielt er ſie gleichwohl ganz entſchieden ein. Er ſah damals mit allen Gebildetſten und Edelſten der Nation das Bedürfniß der Zeit in einem religiöſen Gegenſatz gegen die übermäßigen

Antriebe des äußeren Ehrgeizes gelegen. Wie zufällig er uns, bei dem ersten Anlaufe der Betrachtung, zu der Behandlung seines Abälard und Dulcin, seines Beza und Peter Martyr gekommen scheinen konnte, er schrieb das erste dieser beiden Bücher in einem ganz tendentiären Geiste: um den Schwärmern für weltlichen Heldenruhm die Thaten eines Religionsschwärmers und das innere Leben eines Philosophen entgegenzuhalten, die ganz von inneren Beweggründen getrieben waren; in dem zweiten entwarf er in dem gleichen Zwecke das Bild zweier Männer, die das Ziel des Strebens dieser Zeit, den sinnlichen Genuß verschmähend, dem Gedanken, Gottes Sache zu führen, alle irdischen Rücksichten und ihr Leben selber zu opfern bereit waren, in denen der Wunsch einer inneren Seligkeit den Gedanken weltlicher Vortheile überwog. Er wollte diese Männer ins Andenken zurückrufen, die „aus Eifer für die Wahrheit mit Begeisterung und Aufopferung kämpften, eben so wie die Helden, die mit anderen Waffen für irdische Dinge gefochten", damit über den Helden des Kriegs die Glaubenshelden nicht vergessen würden. Er wollte Zeiten vorführen, „wo die süße Hoffnung künftiger Seligkeit kräftig und stark machte, gegenwärtige Leiden zu ertragen und ungeheure Arbeit zu übernehmen"; und er hoffte davon einen Nutzen, obgleich er sich bescheiden nicht zutraute, den anders gerichteten „Strom der Zeit zu dämmen und ein Werkzeug der Vorsehung abgeben" zu können. Man erkennt in diesen Worten den deutlichen Ehrgeiz, auf die Zeit in einer heilsamen Weise, aus ganz innerlichen religiösen Gesichtspuncten einzuwirken. Die Ansicht von der Nothwendigkeit einer solchen innern Erhebung des lebenden Geschlechtes beherrschte ihn so sehr, daß er in der ersten Ausgabe seiner alten Geschichte von seinem

Freunde von Meyer, „der wohl verstand was es heiße ewige Güter zu schaffen", die jüdische Geschichte bearbeiten ließ, die er sich nicht aus dem Gesichtspuncte zu fassen getraute, den er zu jenem Zwecke nöthig erachtete; ja daß er in seinem Beza sogar die blutige Weise verfocht, in der dieser Mann das Prinzip der Duldung „für seine Zeit" bestritt, da die Erfahrung zu wohl belehrt habe, wie gefährlich es für die Sittlichkeit sei, wenn Völker vom gröbsten Aberglauben und dem härtesten Glaubenszwang auf einmal zu Unglauben und völliger Ungebundenheit, von Despotismus zu zügelloser Freiheit übergehen.

Die Geschichte des revolutionären Frankreich's stand ihm damals vor Augen. Als ihm die des restaurirten Frankreich's vor Augen trat, änderte er seine Stellung und trat dabei in seine eigentlichere Natur zurück; aus dieser geänderten Stellung schrieb er daher seine bedeutenderen Werke. Es kam die Zeit der Erniedrigung, die Zeit der Karlsbader Beschlüsse, der großen Fürstenvereine, der Legitimistik und Reaction, der Wiederkehr von Bourbonismus, Pfaffenthum und Junkerthum; die alte Wahrheit bestätigte sich dem Beobachter, wie „unvernünftig es sei zu hoffen, daß eine ganze Klasse von Menschen je freiwillig Vorrechte aufgeben werde, um der Zeit zu huldigen"; wie sich leider, schrieb er (1823) jetzt wieder gezeigt. Er ergrimmte über die Rückkehr der „Narrheit", des Eigensinns, der Unverbesserlichkeit von Hierarchie, Aristokratie und Absolutie; er sah in England, daß durch die Byron die Wüstlingscharaktere in Literatur und Leben einrissen wie in Frankreich im 18. Jahrhundert; er sah überall die Anlässe wiederkehren, die den schrecklichen Ausbruch der französischen Katastrophe von 1789 hervorgerufen. Als diese Veränderungen eintraten, stand Schloffer bereits in einer freieren Stellung in Heidelberg, im Umgang mit geistig bedeutenden Männern, in dem beneidenswerthen Orte, der so sehr zu seiner Doppelnatur paßte, der auf der einen Seite durch seine reizende Lage seinem Hang zu Landleben und Beschaulichkeit zusagte, auf der anderen, im Mittelpuncte aller Weltstraßen gelegen, wie eine Großstadt immer in Verbindung mit allen Weltgegenden hält. Im Jahre 1822 verbrachte er sechs Monate in Paris im Umgang mit den verschiedenartigsten Menschen; sein Gesichtskreis hatte sich erweitert, und die Ansprüche an ihn erhöhten sich; er gestand es selbst (1823), daß er jetzt eine andere Arbeit als die über das Mittelalter für Bedürfniß halte; er sah ein anderes Ziel und einen anderen Weg zum Ziele; er bekannte jetzt erst auf den Standpunct gekommen zu sein, „das Bedürfniß der Zeit zu ergründen." Noch fand er auch jetzt in sich selbst kein Vergnügen an der Schriftstellerei über die Tagesinteressen, aber er „hielt es jetzt für **Pflicht** jedes Unbefangenen, seine Stimme neben dem Gebelle der Einen und dem Geheul der andern Parthei zu erheben." Und er warf nun, nicht in blühendem Stile, aber in glühendem Geiste sein 18. Jahrhundert hin, um sich dem unnatürlichen Rückströmen des Zeitgeistes mit aller Entschlossenheit entgegenzuwerfen. Er schrieb in der kurzen, aphoristischen, kraftstrotzenden Darstellung der scheußlichen Hof- und Fürstenwirthschaft des 18. Jahrhunderts die Vindication der Revolution in dem freimüthigsten Geiste; er zeichnete nachsichtslos den Moment der Fäulniß, bei dem der Monarchismus angelangt war durch die Ueberspannung der Finanzsysteme, der Militärmacht und der Absolutie; und im Gegensatze dazu den Einfluß der neuen Geistesfreiheit, deren Stoß auf die alten verrotteten Ordnungen zu den demokratischen Prinzipien führte, die nur durch offenen Kampf und Gewalt, nur im völligen Umsturz über Privilegien und Eigensinn zu siegen vermochten. Dieß Alles ist geschrieben, als in England die Toryreviews noch den Ton des größten politischen Obscurantismus angaben, als in Deutschland und Italien jede freie Regung erstickt war, die französische Regierung Spanien überzog um die alte Zeit dort und bei sich wieder herzustellen, als noch weder Thiers noch Mignet über die französische Revolution geschrieben hatten, als die unverschämtesten Vertheidiger der verrotteten alten Ordnungen überall ohne Widerspruch waren, das tückische System der Gentz und Metternich alle Staaten des Festlandes überherrschte. In solch einem Momente wahrlich war es eine That in Deutschland, mit solch einer historischen Naivetät die Begeisterung und Größe selbst der gemeineren Seelen, die der Revolution zu Werkzeugen gedient, laut anzuerkennen; mit den Mirabeau's die Nothwendigkeit der Zerstörung, die dem Aufbau vorhergehen müsse, zu verfechten; die Wohlthätigkeit jener ersten freien Verfassung zu betonen, „der Frankreich die Gleichheit und die meisten der Wohlthaten danke, um derentwillen die Enkel die Revolution einst segnen würden"; die Unerläßlichkeit zu bekennen, „daß die Flammen der Revolution die Nation wie in einem Feuerbade durchglühen und den alten Stamm von der Wurzel bis zum Gipfel durchdringen mußten." War es nun eine Verirrung des öffentlichen Urtheils, daß dieß Buch so ungeheures Aufsehen machte, in Paris rasch ins Französische übersetzt ward, in Deutschland aus dumpfer Stummheit und politischer Schlafsucht dadurch aufweckte, daß jene bitteren Wahrheiten alle gesagt waren in jenem schallenden Tone der Derbheit, der sich nicht scheute, mit namhaften historischen Figuren als mit Schuften und Schurken und Schafsköpfen umzuspringen? Wie wenig sich gleichwohl Schlosser in diesem Tone gefiel, wie wahr seine Versicherung war, daß er an Bearbeitung unmittelbarer Zeitgegenstände an sich keine Freude habe, bewies er als er (1826) seine alte Geschichte unternahm. Er ließ auch nach der Geschichte des 18. Jahrhunderts seine Geschichte des Mittelalters liegen, als man das Mittelalter in Leben, Staat und Kirche zurückführen wollte, und schrieb die Geschichte des Alterthums durchaus in dem gleichen Zwecke und Geiste, aber in einem weit gehaltenern Stile, wie das 18. Jahrhundert, in derselben Ansicht von dem, „was das Bedürfniß der Zeit sein möchte." Er wollte mit der griechischen Literatur und Staatsbildung das kranke Siechthum der Zeit zu heilen helfen; und aus diesem Gesichtspuncte, nicht mit schulgelehrten Ansprüchen, muß man das als bloßen Versuch bescheiden dargebotene Buch lesen, um es auch nach den neueren Leistungen, die es nach so vielen Einzelforschungen und neuen Entdeckungen an Umfang, Durchdringung und Beherrschung der Materie weit überholt haben, immer wieder lesenswerth zu finden. Er wollte die Verfassungen, die Staaten, die Zeiten, „wo jeder sich fühlte", wo Religion die Menschen und die Gesetze durchdrang und die Leidenschaften im Zaume hielt, ausdrücklich dem heutigen Verderbniß entgegenhalten, wo man „das fließende Wasser in einen faulen Sumpf verwandelt, indem man die Leidenschaften ersticken und durch Polizei eine Todtenstille herbeiführen will." Und mit aller Energie wies er auf die Schriften der alten ächten Hellenen hin, aus denen alle großen Griechen der späteren Zeit, alle edlen Römer, und in den neueren

Zeiten zuerst wieder die italischen Humanisten den Abscheu gegen alle willkürliche Regierung und gesetzlose Gewalt, die Begeisterung für wahre Freiheit, zugleich die Scheu vor dem Gesetze eingesogen und vor Allem was recht und gut und heilig ist. War es nun eine Verirrung der Beurtheilung, daß Goethe aus diesem Buche den Schreiber als einen Mann erkannte, der „aus dem Dunkeln ins Helle strebe", aus dem Geschlecht, zu dem auch Er sich bekannte? Und war es eine Verirrung der Beurtheilung in der öffentlichen Meinung, als nachher seine Umarbeitung des 18. Jahrhunderts rasch nacheinander vier Auflagen erlebte und trotz der Unterbrechung, trotz ihrem großen Umfange, trotz der verbitterten Stimmung des Verfassers mit Begierde verschlungen ward? Oder erklärt es sich nicht vielmehr überflüssig aus diesem Verhältnisse Schlossers zu seiner Zeit und aus dem gesunden Kerne aller seiner Schriften, daß der Welt- und Staatsmann, der den Lauf der menschlichen Dinge unverschleiert will kennen lernen, zu Schlosser, als einem matter-of-fact Mann wie wenige andere Deutsche, immer noch lieber greifen wird, als zu sehr vielen anderen gelehrteren Schreibern? Daß der Geschichtsphilosoph, der den Weltlauf auf sein Gesetz ansieht, wenn er sich den Weg durch die Quellen abkürzen will, gewiß von wenigen andern sich lieber als von ihm die Fackel der geschichtlichen Betrachtung wird vortragen lassen, weil sein Genius durch und durch und nur historisch war, nicht im Stande irgend ein Ding anders als aus dem Gesichtspunct der Zeit, der Veränderung, der Entwicklung zu betrachten! Daß der Mann des Volkes endlich, der in dem Autor zuerst nach dem Menschen sucht, der in seinem Federzuge seinen Herzschlag erkennen will, lieber als zu dem Schul- und Hofhistoriographen zu ihm greifen wird, bei dem er die volle Theilnahme für seine Angelegenheiten findet? Und das deutsche Volk hat mehr als blos dieß sympathische Herz in diesem Geschichtschreiber zu schätzen gefunden. Es hat in dem makellosen Charakter, in dem Feuer der Wahrheitsliebe, in der sittlichen Begeisterung, in dem klassischen Verstande, in dem klaren Einblick dieses Mannes in den Lauf der Welt die wesentlichen Gaben des Historikers erkannt, die es über die unwesentlichen Mängel der äußeren Formen haben hinwegsehen machen; es hat in dem Gelehrten vom ächtesten nationalen Typus seinen Lehrer der Geschichte gefunden und verehrt, der wie kein anderer zu seiner eigensten Natur zu sprechen verstand. So daß es trotz aller Spaltung der Schulen und der Schulmeinungen, der Partheien und des Partheieneifers wahr bleiben wird, was Schlossers Freund und Schüler Eilers von ihm gesagt hat: daß er „von allen Schriftstellern des Jahrhunderts den ausgebreitetsten und nachhaltigsten Einfluß auf die moralische Weltbetrachtung und das politische Urtheil des deutschen Volkes ausgeübt hat"; daß er in der Selbstoffenbarung durch seine Schriften „dauernder als Erz vor diesem Volke stehe."

Der eigentliche Mittelpunct von Schlosser's ganzer Bildungsweise war dieß, daß er stets den Gelehrten den Rücken kehrte, denen nach Lichtenbergs Witz vieles gelehrt ist die aber nichts gelernt haben, die nur einen Schulgebrauch des Wissens kennen, die die Wissenschaft nicht für das eigene, nicht für das öffentliche Leben zu befruchten wissen, die ihr Leben nicht nach den Forderungen ihrer eigenen Lehre gestalten, die ihre Wissenschaft nur für einen eitlen akademischen Prunk, nicht für ein Gesetz des Lebens achten, die das eigentliche Ziel aller Bildung aus dem Auge verlieren und sich den edelsten inneren Beschäftigungen widmen um der unedelsten äußeren Zwecke willen. Schlosser wollte sein Wesen und Gemüth als Schriftsteller nicht verleugnen, wollte und konnte es nicht. Er war in Haus und Schule derselbe, der er in seinen Schriften war; ja es ist ganz eigentlich die Kenntniß seiner Persönlichkeit, aus der man den wahren Werth des Mannes erkennen, die Würdigung seiner Schriftstellerei ergänzen, den eröffnenden Schlüssel zu ihr und seiner Wirksamkeit in dem geistigen Leben der Deutschen suchen muß. Wer die Kenntniß von Schlosser's Schriften nicht aus seinen Vorlesungen, seine Vorlesungen nicht aus seinen Gesprächen, seine Gespräche nicht aus der Einsicht in sein volles menschliches Wesen zu vervollständigen Gelegenheit hatte, der konnte nur ein sehr unvollkommenes Urtheil über ihn haben. In Folge einer merkwürdigen Doppelseitigkeit des Wesens wird der Mann, dessen Werke nur durch ihre Beziehung zu der weitesten Oeffentlichkeit recht verständlich werden, auf der anderen Seite wieder nur durch die Erkenntniß seiner Persönlichkeit in ihrer äußersten Rückgezogenheit begreiflich. Ganz auf das Eingreifen in die nationalen Bildungszustände gestellt, begehrte doch Schlosser des äußeren Namens und Ruhmes einer solchen Wirksamkeit nicht. Er lebte der festen Ueberzeugung, daß man am sichersten auf die Welt wirke, wenn man auf sich selber wirkt, sich selbst zu etwas bildet; man sei nur etwas, so würden sich finden, die es nutzen und weiter und weiter breiten. Er glaubte daher durch mündliche Lehre mehr zu wirken als durch seine Schriften; obgleich er auch in dieser Sphäre jeden äußeren Ehrgeiz verleugnete, den Eifer des Schulstiftens frühe als eine „alberne Eitelkeit" verlachte. „Die Wissenschaft, schrieb er schon 1817, gibt Seligkeit in sich, sie nutzt durch mündliche Lehre." Und wirklich war Schlosser mehr zum Lehrer als zum Schreiber geboren, wiewohl seine Rede an Ordnung und Schärfe noch zurückblieb hinter seiner Schrift. Auch kam der Werth seines lehrenden Verkehrs immer mehr zu Tage, je mehr man ihn isolirt hatte; seine Rede wurde desto gehaltener und gehaltvoller, je mehr aller äußere Zwang hinwegfiel, je mehr man in jenes Asyl der Seligkeit vordrang, die er in seiner Wissenschaft suchte. Seine Vorlesungen waren noch ungleich formloser als seine Schriften. Die Kenntniß der Thatsachen war vorausgesetzt, die Besprechung der einzelnen herausgehobenen Momente war unvollständig und abspringend, der Vortrag unzusammenhängend, ganz aus dem Stegreife, die Redesätze kaum jemals regelrecht gebildet, glatt vorgebracht und unabgebrochen zu Ende geführt. Aber die belehrenden Blicke auf Welt und Geschichte, auf Menschen und Völker, auf Vergangenheit und Gegenwart, die lichtvollen Vergleichungen, die praktischen Bemerkungen über tausend auf dem Wege liegende Fragen und Gegenstände, das war in der besten Zeit seiner größten geistigen Rüstigkeit von ganz unvergleichlicher Anregung. Dieß machte, daß Schlosser bis in sein hohes Alter, wo die Gebrechen seines Vortrags sich noch außerordentlich steigerten, ganz stetig eine zahlreiche und aufmerksame Zuhörerschaft an sich fesselte. Lehrreicher noch, und noch anregender konnte man ihn an den Abenden sehen, an denen er durch lange Jahre hin eine Anzahl seiner Zuhörer Einmal wöchentlich zum Thee um sich versammelte, wo er, auf gewöhnlicher Unterhaltung wenig verweilend, sich über Gegenstände seiner Vorlesungen oder über Tagesereignisse fragen ließ und fragte, dann gewöhnlich eine der beregten Fragen aufgriff und sich in längerer Besprechung darüber ausließ. Hatte man Zugang zu seinem Hause, so steigerte sich noch der Nutzen den er gewährte dadurch, daß man unmittelbar die Belehrung erfragen konnte, die man grade suchte; nur durch diese Art von Berührung geschah es, daß der schulfeindliche Lehrer dennoch eine Reihe von treuen Schülern wider Willen und Absicht sich erzogen hat. In seinem eigentlichsten Wesen aber sah ihn doch erst der, den er heranzog, um mit ihm in einem ganz esoterischen Verkehre irgend einen griechischen Dichter, vornehmlich aber seinen Dante zu lesen. Dort vergaß er im Entzücken über den Dichter seine ganze Umgebung und überließ sich in seinem Vortrage, seiner Uebersetzung, seinen Erläuterungen der großen Stellen der göttlichen Komödie, wie in einer Verzückung, einer gleichsam inspirirten Auslegung: in und mit dem Dichter schloß er dann unwillkürlich sein eigenstes innerstes Wesen auf; die rauhe Rinde sprang ab und der Kern lag blos; man erkannte eine Sokratische Natur in ihm. Zwar in seiner Flucht vor Schülern und in der höchst undialektischen Methode seiner Rede konnte Niemand dem Sokrates unähnlicher sein als Schlosser. Aber was er selber von dem Philosophen rühmte: er sei der lügenden und belogenen Zeit rein und wahrhaftig entgegengetreten, er habe keine Schule errichten sondern selber weise werden wollen, um die Gründe des Guten und Wahren zu erforschen, und, durch den Schein der Lüge und des Falschen nicht geblendet, um das Leben nicht betrogen zu werden, das ist ganz wie auf ihn selber gesagt.

Wie in Sokrates ein verborgeneres Moment seiner Lehre der Begriff der Menschengleichheit war, wie er den gleich gewogenen Sinn für inneres und äußeres Leben in sich trug, wie er selbst dem Staate und dem banausischen Leben den Rücken kehrte, aber seine Schüler aufs Beste dafür zu unterrichten strebte, wie er in seiner Richtung auf ein ganz geistiges Leben doch die Grübeleien über die jenseitigen Dinge verachtete und sich auf das warf, was für die Menschen hier Werth hat und förderlich ist, wie er Weisheit und Sittlichkeit nicht trennte, nur das Wissen gelten ließ, das zu klarer Besonnenheit und sittlichem Gebrauche des Lebens führt, wie er eine allwaltende Vorsehung und eine Gegenwart der Gottheit in allen menschlichen Dingen glaubte, das Alles sind Züge, die gradaus an Schlosser's Charakter, Stellung und Wirksamkeit erinnern. Wesentlich gehört zur Vervollständigung der Vergleichung die seltsame Außenseite des kostbaren inneren Wesens hinzu, die so oft die Genien kennzeichnet, die in einer neuen geistigen Richtung der Zeiten bahnbrechend vorausgehen. Wer Schlosser nur in seinem Hauskleide, in seinem Familienkreise, in seiner unbekümmerten Laune sah oder nur aus seinem schriftstellerischen Negligée, seinen Recensionen und Vorreden kennt, dem kann er leicht in dem Lichte eines bloßen Sonderlings, und eines drolligen Sonderlings erscheinen; wer in das Allerheiligste vordrang, dem schloß sich das Silenenbild auf, dem zeigten sich die Götterbilder, deren bloßer Schrein das sonderbare Aeußere war. Ganz in diesem Sinne schrieb ein befreundeter Engländer die treffenden Worte über ihn: „Schlosser ist ein Mann, dessen Aeußeres ungeschickt mit seinem Inneren telegraphirt; ein herrliches, aber nicht selten verstimmtes Instrument, eine Uhr, deren Minutenzeiger zuweilen falsch, deren Stundenzeiger immer richtig geht; er ist wie ein Heilmittel von großer Wirkung aber bitterem Geschmack, das man zuerst verwünscht, zuletzt aber segnet."

Wunderlich übertriebene Gerüchte über diese Rauhheit und Sprödigkeit der Schale von Schlosser's Wesen waren vielfach in Deutschland verbreitet, die offenbar mehr aus dem herben und groben Ton seiner schriftlichen Ausfälle abstrahirt, als in Erfahrungen an der Persönlichkeit des Mannes erlebt waren. Wie viele Fremde kamen nicht nach Heidelberg, die sich nach der Bekanntschaft des von der Fama so seltsam gezeichneten Mannes sehnten, vorher aber sorglich glaubten sich erkundigen zu müssen, ob sie dem mürrischen Gelehrten nicht mit dem Bücherstaube die Laune unangenehm stören würden, ob sie nicht zu befahren hätten, „zur Thüre hinaus geworfen zu werden!" Wie erstaunt aber kamen sie zurück, von der ersten Begegnung eines ganz anderen belehrt! Wie verändert erst war ihre Vorstellung, wenn sie Gelegenheit hatten, die Persönlichkeit in ihrem häuslichen Leben und Weben genauer kennen zu lernen. Wohl war Schlosser ein ächter deutscher Stubengelehrter, aber doch eines ganz besonderen Schlages. Er hatte bis zum fünfzigsten Jahre im Junggesellenstande seiner Wissenschaft allein gelebt und von einer anderen Braut nichts wissen wollen. Von früh sechs Uhr bis Abends spät lag er mit Ausnahme der Eß- und Spazierstunden unablässig über seinen Studien; unmittelbar selbst nach Tisch war die Zeit der Zeitungslectüre gewidmet. Eine eiserne Gesundheit erlaubte ihm diese beneidenswerthe Ausdauer und gab seinem Einen Auge, dessen Geführte ihm frühe von den Blattern geraubt worden war, die Stärke zu so unermeßlicher Anstrengung. Wenn man auf den ersten Blick den nach Einer Seite geneigten Körper auf etwas schwankendem Gestelle in unsicherer Bewegung sah, hätte man eine solche physische Kraft kaum vermuthet; aber wenn man dann im lebhaften Gespräche die energischen Bewegungen der Arme und des Oberkörpers betrachtete und die glockenstarke Stimme vernahm, die schon dem Knaben bei seinem Conrector den Namen Schnaubhahn eintrug, so fühlte man sich einer strotzenden Kraft gegenüber, die, von der Natur gegeben, durch Regel und Mäßigkeit erhalten war. Selten erkrankt, pflegte Schlosser ehe er in sein hohes Alter eintrat seine Unpäßlichkeiten ohne ärztliche Hülfe in einem wohl Tage und Nächte anhaltenden ununterbrochenen Schlafe zu verwinden; sein Tod war ein reines Erlöschen der Kräfte, von keinerlei Krankheit begleitet. Seine Diät war immer die regelmäßigste gewesen; er liebte kräftige und gewählte Kost; er trank nur Bier, nie Wein; er hielt auf regelmäßigen Spaziergang oder Gartenaufenthalt; er ließ sich von Jedermann in seiner Arbeit stören, und Niemand wurde je vor ihm gemeldet, Er vor Niemandem je verleugnet. Die Eintretenden fanden an ihm und um ihn nichts von der Art der sonstigen deutschen Bücherwürmer, nichts von dem Staub und Schmutz einer Gelehrtenstube. Seine Halsbinde und Hembkragen konnten unter der breiten Faust etwas zerknittert sein, sonst war sein Anzug rein und geordnet, die Zeuge fein und gewählt. Seine werthvolle Bibliothek stand in der zierlichsten Ordnung aufgestellt, sein Arbeitszimmer aufs eleganteste hergerichtet, auf dem geschmackvollen Palisandertische nichts als der nöthigste Apparat. Beim ersten Anblick konnte er wohl eckig erscheinen, aber er war darum nicht steif und hölzern. Selbst in äußerlichen häuslichen Dingen und Geschäften, in denen man praktische Gewandtheit von einem Manne nicht einmal fordert, nahm er sich in natürlicher Ungezwungenheit. Bei jenen Theeabenden, wo er noch als Junggeselle eine kleine Schülerschaar um sich sah, bereitete und schenkte er selber den Thee und gab die Beikost um, geschickt und achtsam, ohne Werth auf das Geschäft zu legen, aber auch ohne jede Nachlässigkeit. Als er sich noch spät mit einer liebenswürdigen Lebensgefährtin von den feinsten geselligen Formen vermählte, mußte er sich in Handschuhe bequemen, einen Stock tragen, Gesellschaften und Whistkränzchen besuchen, Vergnügungsreisen machen; aber er schickte sich in das Alles weit leichter, als ihm die Collegen zugetraut hätten, unter welchen es weltberühmte Männer gab, neben denen er selbst sich bei Begegnungen in der Fremde wie ein anstelliger Tourist und gewürfelter Weltmann fühlte. Nach seiner Verheirathung überließ er der geschickten Hausfrau die Einzelheiten des Haushalts, dessen große Geschäfte er indessen mit der Pünctlichkeit fortführte, die ihm immer eigen war. Seine Vermögensverhältnisse waren stets in der genauesten Ordnung. Er lebte im sichersten Takte, ohne peinliche Regel aber grundsatzmäßig in der genauesten Mitte zwischen Aufwand und Kärglichkeit. Er liebte nicht Beschränkung und nicht nutzlose Ausgabe, auch nicht zweideutige Wohlthaten; bei Anforderungen unzweifelhafter Art, wenn es galt mittellose Kranke zu unterstützen, ein Waisenhaus zu fundiren u. dergl., gab er ohne Prunk mit freigebiger, ja verschwenderischer Hand. Bei diesem strengen Ordnungssinn konnte es eine unpraktische Grille scheinen, daß er seine Geldschublade stets offen stehen ließ und selbst verreisend nie leiden wollte, daß man sie verschlösse. Er verlangte, daß nur treue Leute in dem Hause Aufnahme fänden. Ein natürlicher Menschenkenner, der im hohen Grade die Gabe besaß den verschiedenartigsten Menschen im ersten Augenblick der Begegnung ihr Horoskop zu stellen, zeigte er selbst sich in der Wahl seiner Dienerschaft, seiner Rathgeber, seiner Advocaten stets geschickt und richtig geleitet von diesem Instincte. So war er es in der Wahl seines geselligen Umgangs. Es gab gelegentlich eine Ausnahme; er konnte zeitweilig aus Gutmüthigkeit, aus Läßigkeit, aus Bequemlichkeit einen unpassenden Verkehr unterhalten mit Menschen, über deren Werth er vielleicht weniger als jeder Andere im Unklaren war; der Anstoß aber, den dergleichen unter allen Freunden erregte, bewies dann, daß diese Ausnahme grade die Regel bestätigte, nach der man in seiner Umgebung immer nur die geachtetste, unbescholtenste Gesellschaft sah. Dieselbe Sittenstrenge, die sich in seinen Schriften aussprach, waltete in dieser Beziehung in seinen Lebensverhältnissen. Mit zwei berühmten Collegen brach er allen Verkehr ab, als er den Einen über einer filzigen Gemeinheit ertappte, „so schmutzig (wie er ihm ins Gesicht sagte) daß ihn Niemand mit der Kluft anfassen möchte;" als der Andere ihm die Zumuthung machte, einen jungen wegen politischer Verhältnisse angefochtenen Freund zu verleugnen. Es geschah aus moralischem Widerwillen, daß er sich frühe von allen Universitätsgeschäften zurückzog. Man schob es gewöhnlich auf seine unpraktische Natur. Er jedoch meinte sich rühmen zu dürfen, daß er als Vorstand der Bibliothek bewiesen habe, auch geschäftliche Aufgaben lösen zu können; aber die Senatsconnivenzen gegen studentische Ungebühren, die körperschaftswidrige Eigensucht der Facultätsglieder, die vielfache Gesinnungsgemeinheit in der

Gesellschaft, die durch Bildung und Wissen die gewählteste sein sollte, widerte ihn so sehr an, daß er sich aller Gemeinschaft mit dem Universitätskörper, so weit es immer zuläßig war, entzog. Die Hausfreunde aus der Zahl der jüngeren, lebensmuthigeren, für den Gemeinnutzen schwärmenden Collegen tadelten diesen Rückzug, der ihnen nur für eine andere Art Eigennutz galt; aber sie hatten dann auch die Erfahrungen zu machen, die ihnen unterweilen Abbitte empfahl. Die Feindseligkeit der Collegen, die sich Schlosser bei solchen ernsten Collisionen durch seine schroffe Rücksichtslosigkeit zuzog, trug nicht das wenigste dazu bei, ihn in jenen Ruf abstoßender Unnahbarkeit zu bringen, der die Reisenden bei ihren Besuchen nicht selten ein wenig beklommen machte, bis sie sich auch in dieser Hinsicht enttäuscht fanden.

Der erste Eindruck, den der Fremde von Schlosser's innerm Wesen empfing, war der einer geschlossenen Natur, einer robusten Seele, eines fest in sich ruhenden Charakters, den schon die ersten Jugendschicksale zu früher Selbständigkeit gereift hatten. Von zwölf Kindern das jüngste, war er frühe von Vaters Seite verwaist, in dürftigen Umständen rauh und streng erzogen von der Mutter, nach deren Tod er mit dem fünfzehnten Jahre sein eigner Herr war. Dieß frühe Gefühl der Unabhängigkeit von jedem äußeren Verhältnisse und künstlichen Bedürfnisse gab seiner Jugend schon die Sicherheit des Tons, den Stolz und Trotz, das vollsaftige Selbstgefühl, das der ὑπέρογκος λόγος ῥήσεις bis in sein spätestes Alter nicht verleugnete, in dem er unter sein Bildniß mit seiner schweren Feder die schweren Dantischen Worte schrieb:

<blockquote>
Sta come torre fermo, che non crolla
Giammai la cima per soffiar di venti.
</blockquote>

Die formlose Weise, der Mangel conventionellen Anstandes war
dann der zweite, mit seinem Selbstgefühle engst verschwisterte Zug,
der in Schlosser's Erscheinung unmittelbar auffiel. Er hatte die
Rüstring'sche Derbheit, die er aus dem Haus in die Schule, aus
der Schule durch alle Lagen des Lebens trug, nie ablegen können,
nie auch, sagte er, ablegen wollen. Er kam in seiner Jugend
von den Bauern zu den Gelehrten, von den Gelehrten, 21 Jahre
alt, in einen Schwarm vornehmer Holländer in Varel und in die
Familie des (in Holland gefangenen) Grafen Bentinck-Rhoone
als Hauslehrer; von da (1798—1800) trat er in Hamburg in
das Haus eines kleinen Kaufmanns, wo er wieder mit einem Men-
schenschlage ganz anderer Art, mit Schauspielern und lüderlichen
Genies zu thun hatte; dann in der Zeit der merkwürdigsten öffentlichen Ereignisse kam er in die weltmännische Umgebung Frankfurter Kaufleute, mit denen ihn die innigsten Beziehungen ver-
knüpften, in die er auch bald aus einer kurzen Lehrthätigkeit in Jever
(1808—10) wieder zurückkehrte, und denen er sich dann durch sein
ganzes Leben als ein anhänglich treuer, in mißlichen Zeiten als
ein dankbarer opferbereiter Freund bewährte. Nacheinander wirkte
er dann als Lehrer an dem Gymnasium und Lyceum in Frankfurt
und an der Universität in Heidelberg. Aus allen diesen Kreisen
ging er „eckig und vierschrötig", so nannte er es selber, hervor; und
noch später in der Berührung mit höfischer Gesellschaft, in dem
intimen Verkehr mit der Großherzogin Stephanie, gab er sich
nie die Mühe, sich anderen Formen zu bequemen, als die ihm von
Jugend auf die geläufigen waren. Unerzogen, hart, unbändig fiel
er leicht auf durch den männischen Egoismus, der unser Aller Erb-
theil ist, und der bei ihm begreiflich stärker geprägt war als bei vie-

len Anderen. Eine leidenschaftliche Aufwallung mäßigend zu beherrschen ward ihm schwer, die Gutmüthigkeit aber, mit der er solche Härten im Kreise der Seinen dann zu vergüten suchte, kleidete ihn aufs liebenswürdigste. Tadel und Unmuth zu verhalten, den Stolz des Selbstgefühls und die Zuversicht des eigenen Urtheils zu dämpfen, war ihm wenig gegeben, und er hätte sich darum auch nicht viel bemüht. Man hätte mit Fug die Verwürfe Worcester's gegen Percy auf ihn anwenden können:

> Ihr seid zu tadelsüchtig!
> Zeigt es schon manchmal Größe, Muth und Blut,
> so offenbart es doch auch rauhen Zorn,
> an Sitten Mangel und an Mäßigung,
> Stolz, Hochmuth, Meinung von sich selbst und Hohn,
> wovon das Kleinste uns der Menschen Herz verliert,
> und einen Fleck an aller Gaben Schönheit
> zurückläßt, sie betrügend um ihr Lob.

Er aber würde wie jener Held der Gradheit geantwortet haben: „Gut, meistert mich! Gott segn' euch gute Sitten!" Er hätte die knorrigen Auswüchse, die die mit fränkischem Feuer verschmolzene friesische Rauhheit an dem Stamme seines humanen Wesens ansetzte, zu den eigensten und unabtrennlichen Zugaben seines Charakters gerechnet. Weiter aber als ein Ansatz an eine durchaus humane Natur waren sie gleichwohl nichts. Der Fremde konnte beim ersten Empfange Schlosser'n vielleicht trocken, kalt und unförmlich finden, nicht aber verlegen oder unhöflich; sobald er orientirt war, war seine Unterhaltung lebhaft und ununterbrochen und konnte gelegentlich in der schmiegsamsten Rücksicht auf die besondere Persönlichkeit und Verhältnisse des Unterredners eingehen. Er war kein Lobredner der Gutmüthigen, kein Freund der Sentimentalen; und doch konnte er, wo ihm diese Naturen nur ungekünstelt entgegentraten, sie aufs mildeste schonen. Ein naiver Schüler hatte die Arglosigkeit ihn aufzusuchen, ausdrücklich um sich bei ihm Trost über den schmerzlichen Verlust eines Freundes zu holen; er hatte es nicht zu bereuen, er schied von ihm mit gerührter und gekräftigter Seele. Kam man über die Oberflächlichkeit der flüchtigen Besuche hinweg, sah man Schlosser häufiger im Kreise der Familie und vertrauter Freunde, bei denen ihm das Herz aufging, so stieß man bald noch auf eine ganz andere Außenseite seines originellen Wesens, die ihn gradezu in dem fernsten Gegensatze von der befürchteten Rauhigkeit zeigte, auf seinen drolligen Humor. Der geglaubte Murrkopf erwies sich nun als ein Mann von der wohligsten und behaglichsten Laune, dessen grundherzliches kräftiges Gelächter die innerste Heiterkeit erweckte, dessen gutmüthig neckische Satire wider die Freunde und Frauen seiner Umgebung am liebsten zugleich ihn selber bloßstellte, wie um die Geneckten zum Wiedernecken herauszufordern. In solchen Momenten kam der Kraftübermuth, die Offenheit, die Lebendigkeit, die Gefühlswärme in seiner Natur in der ergötzlichsten Weise zu Tage; das Innerste sprudelte sich in einem fast kindlichen Unbedacht aus. Man fühlte dann erst, in welchem ganz ungemeinen Maaße diesem Manne Gradheit und Wahrheit zur innersten Natur geworden war. Niemandem wäre es gefährlicher gewesen als ihm, ein Geheimniß anzuvertrauen; die Unfähigkeit der Verstellung hätte ihn wider Willen jeden Augenblick zum Verräther gemacht. Von demselben lebhaften Gefühlsstande wie die Luther, die Dante, die Abälard, die seine Bewunderung waren, erkannte er in den kleinsten Gegenständen der Unterhaltung, wie in den größten Objecten seiner geschichtlichen Werke, im Momente ihre verschiedensten Seiten, gab er den verschiedensten Eindrücken bei einerlei Gelegenheit in Einem Nu in vollkommenster Naivetät der Empfindung nach, und äußerte in Einem Athem die widersprechendsten Gefühle oder Urtheile, die gleichwohl höchst natürlich zusammenlagen, wenn man sich nur die Bindeglieder ergänzte. Als ich in den Anfängen meiner Docentenlaufbahn zu ihm kam, ihm die Neuigkeit meiner Berufung nach Göttingen mitzutheilen, die mich aus seiner Nähe wegführte, rief er im Ausdruck der freudigsten Ueberraschung aus: „So? nun das freut mich!" und sogleich mit abfallender Stimme: „Ja, mir thut es sehr leid." Dahlmann fragte ihn nach einem Individuum seiner Bekanntschaft, was das für ein Mann sei? Seine wörtliche Antwort war: „Das ist ein ganz schlechter Kerl, übrigens mein guter Freund, ich sehe ihn nie" [in Gesellschaft bei mir]. Man erzählt von ihm ein unbedeutendes Geschichtchen, das, wie ein Haar dem andern, der Anekdote von jenem Richter gleicht, der dem Kläger und Vertheidiger Recht gab, und Recht auch dem Dritten, der ihm einwarf daß doch nur Einer Recht haben könne. Zu diesem burlesken Grade gedankenloser Allerwägung, über den Niemand erschütterter als er selbst gelacht haben würde wenn er zur Besinnung geschüttelt wurde, hätte er freilich nur in Verhältnissen gehen können, die ihm ganz gleichgültig und geringfügig waren, gewiß nicht dann, wenn er wie jener Richter in seinem Berufe stehend eine pflichtvolle Entscheidung zu geben gehabt hätte. Eine ganz ähnliche Bewandtniß hatte es mit den Ausbrüchen seines kritischen Uebermuthes, denen er sich in den Stimmungen seiner schnurrigen Wohllaune besonders gern überließ: dergleichen mußte man nur erlebt haben, um die ähnlichen Ausfälle in seinen Schriften in einem ganz anderen Lichte zu sehen als man gemeinhin thut. Wenn er so im Gespräche ganze Reihen von literarischen Helden und Heldenthaten mit Einem Hiebe abthat: „Das 'is Alles nix", so konnte nur ein Grämler Arg haben bei dieser Art Schmähsucht, denn sie war nur Uebertreibung, die überall die Waffe des Scherzes ist. Wäre sie selbst nach Ton und Ausdruck, was wohl vorkam, über den Spaß gegangen, so hätte es nur ein Antüpfen seines Ernstes bedurft, um ihn zur Besonnenheit zurückzurufen. Einmal in der Zeit der industriellen Wuth in Deutschland, die der ideellen Natur des Mannes mit all der gierigen Gewinnsucht des Handels tief innerlich zuwider war, rief er bei einer Unterhaltung über die Vortheile und Nachtheile der gewerblichen Fortschritte in zahlreicher Gesellschaft einem Anwesenden zwischen Scherz und Ernst, aber mehr doch in einem gereizten zürnenden Tone zu: „in diesem Puncte sind Sie leider nicht meiner Meinung!" Der Angefahrene sagte in aller Ruhe: „über die sittlichen und gesellschaftlichen Folgen bin ich es wohl doch; nur möchte ich wissen, ob Sie es für möglich halten, diese Fortschritte und ihre Folgen aufzuhalten?" Unmöglich! sagte er feurig. Und nun wäre die Frage nach allen Seiten ruhig mit ihm zu erörtern gewesen. Wenn seine demokratischen Ab- und Zuneigungen in diesen Stunden der Scherzlaune angeregt wurden, dann konnten seine Herzensergießungen am maaslosesten scheinen. Ein neues Erlebniß des Tages sollte von der Unverbesserlichkeit der privilegirten Klassen Zeugniß gegeben haben, so hörte man ihn wohl zwischen Bitterkeit und Muthwillen die schärfsten

Schlagworte wiederholen, die je über die Radicalkur dieses Uebels gesprochen worden sind; dann hätte ein Fernstehender meinen können, der Mann suche Effect zu machen mit diesen Kraftausdrücken des Kneipendemokratismus, aber nichts lag seiner sauberen und keuschen Natur entfernter. Als in der gährenden Zeit vor 1848 der Bürgermeister Winter in Heidelberg bei Anlaß eines Zerwürfnisses mit der Regierung von dem Rathhause in einer Art Ovation von den versammelten Massen nach Hause begleitet ward, erzählte Schlosser, obwohl kein Freund des Gefeierten, mit hellem Wohlgefallen die gesehene Scene: das sei das Rechte, so müsse es kommen! Dann konnte es scheinen, als habe er an Pöbelscenen und Straßenlärm das gemeine Gefallen der Massen; ernsthaft angegangen würde er doch nur ernsthaft verfochten haben, daß der Antheil des Volks und seine Bewegung um die öffentlichen Dinge, wie sie sich seit der Restauration in England zuweilen kund gibt, unerläßlich sei, wenn die Staatsmaschine unter der Faulheit und dem Eigennutz der lenkenden Stände nicht einrosten solle.

Ernste und bedeutende Gegenstände in Ernst und Nachdruck behandelt, dieß war der stehende und gewöhnliche Inhalt und Ton von Schlosser's Unterhaltung. Der Einen Abweichung in dem lauten, lärmenden und polternden Ausbruche seiner Lustigkeit in weiterem Kreise lag dann in anderen Lagen, im Gespräche unter vier Augen, ein anderes Extrem entgegen, seine beschauliche Stimmung. Er hatte in frühen Jahren, die er im Hause einer Tante verlebte, schon als Knabe eine warme Freude an der Natur eingesogen, einen Zug zum Idyllischen, einen Hang nach Einsamkeit und Versenkung in sich selbst. In dem Fragmente seiner Selbstbiographie (Zeitgenossen 44.) sagt er, er habe ursprünglich nur ein contemplatives Leben im Auge gehabt und sei in die akademische und schriftstellerische Laufbahn nur unfreiwillig hineingedrängt worden. Die Wahl der Gegenstände seiner ersten Schriften, und alle seine vorschlagendsten Neigungen, die er von früh auf verrieth, bewiesen die Wahrheit dieser Versicherung. Ihm waren die religiösen Schwärmer tief erregter religiöser Zeiten, ihm jene christlichen Missionäre, jene irischen Mönche, „die die Gedanken über die vorübereilende Gegenwart hinausrichteten und Arbeit, Mühe und Leben verachteten wegen eines Gutes, das sie im Geiste schauten," große anbetungswürdige Gestalten. Er verehrte in Jakob Böhme einen großen Geist, als „dessen pythische Laute noch keinen Dollmetscher gefunden." Er begeisterte sich frühe an Dante's großem Gedichte und seinem unendlichen Reiz für eine Seele, die den Himmel nicht erkaufen oder durch Wunder erlangen, sondern ihn in sich, in dem Frieden und der Erkenntniß ihrer selber finden will. Mehr als 20mal erklärte, mehr als 30mal las er dieses Gedicht; erklärend folgte er lieber den symbolischen als den historischen Deutern desselben; lesend verweilte er mit größerer Vorliebe auf den unsinnlichen Theilen des Purgatoriums und Paradieses, auf der beschaulichen Schwärmerei, in der der Dichter im Anschauen der Seligkeit eines rein inneren Lebens, eines Daseins, das im Genuß des Schauens der Gottheit besteht, der Welt abzusterben lehrt. Mit diesem Hang zur Einkehr in sich selbst wollte aber Schlosser, den an Dante nichts so sehr erbaute als daß seine Schwärmerei dem Verstande nirgends Hohn sprach, weder den zeitverirrten Mysticismus und Scholasticismus der Gegenwart fördern, noch wollte er selbst der äußeren Welt in dem Sinne absterben, daß er von ihr keine Kenntniß nehme. Er hätte der noch tieferen Contemplation der Minoriten in Dante's Zeit, die die reale Welt völlig in ein geistiges Gas verdunsteten, auf die Dauer schwerlich Geschmack abgewonnen. Ihm war sein Dante, der im convito die menschliche Natur durch zwei verschiedene Sonnen zu zwei Seligkeiten, dem thätigen und beschaulichen Leben, angeleitet nennt, eben nur dadurch groß, daß er beide Leben umschloß, daß er, in seiner Einen Seele — je nachdem sie nach außen oder innen gekehrt war — die beiden entgegengesetzten Ansichten von den menschlichen Dingen in gleicher Meisterschaft faßte, daß er zu einer Zeit eben so tief und kräftig in die Staatshändel seines Zeitalters eingriff, als er zu anderer sich in die platonische Schwärmerei über die göttliche Liebe versenkte, daß er auf der einen Seite ebenso praktisch und historisch kritisch war, als er sich auf der anderen in ein Ideal von göttlicher und menschlicher Weisheit verlor. Dante war, in seiner Jugend an einer idealen Gedankenliebe gescheitert, mitten in den Strom der politischen Welt hineingestoßen worden, um dann (auch von ihr enttäuscht und abgestoßen) zu dem geistigen Leben zurückzukehren in dem Gedichte, das in seinem Schlusse in die Vereinigung des Menschengeistes mit dem göttlichen Wesen ausläuft; Schlosser ward umgekehrt von den Zeitschicksalen aus seinem innerlichen Leben herausgerissen und auf den Verlauf des äußeren gerichtet, von dem er sich nicht mehr zurückwandte. Er setzte in seiner Jugend, mit der Weisheit eines Alten, von dem Dantischen Puncte der Erkenntniß aus, daß „der Weltlärm nur ein Windhauch ist;" wie

Schlosser es ausdrückt: daß „im Leben ein Schatten stets dem anderen weicht, um endlich dem Nichts Platz zu machen;" aber er setzte von diesem Standpuncte aus mit dem Entschlusse, unermüdlich der Erforschung eben dieser vergänglichen Dinge nachzugehen, ohne zu verzweifeln wie der, „der von vorn herein aus Gedichten und Romanen und halber Philosophie Verzagtheit einsaugt und an der Schwelle der Vorhalle niedersinkt." Ein Hinderniß der Erkenntniß der äußeren Dinge schien ihm in dieser Abkehr nach dem Inneren so wenig gelegen, daß er vielmehr grade die Bürgschaft der reineren Auffassung derselben in ihr zu finden schien, die sich von der Bewunderung schillernder Eigenschaften weniger blenden lasse. „Das Licht der göttlichen Vernunft, schrieb er 1817, dringt nur schwer durch die Nebel des Verstandes: wenn einfaches Leben, stille Ruhe der Seele und häuslicher Friede rauschender Zerstreuung und unruhig bewegender Geselligkeit weicht, wenn wahre Freiheit und Unabhängigkeit der Einzelnen durch die Menge der Bedürfnisse und die Sucht nach Vergnügungen verloren sind, wie sollte die Vergangenheit rein und ungetrübt in dem getrübten Spiegel der Seele erscheinen?" So ward durch die seltene Vereinigung contemplativer und thatsinniger Geisteskräfte diese nie dagewesene und wohl nie wiederkehrende Erscheinung möglich, daß ein solcher Mann, der so ganz durchdrungen war „von dem Nichts der Dinge und der Eitelkeit der menschlichen Bemühungen", um eben diese Bemühungen von Grund aus zu erforschen den ganzen Umfang der weiten Menschengeschichte durchwanderte; Deutschland erhielt, was wie ein Widerspruch in sich selber klingt, einen reinen Idealisten zum Historiker, der rein zum Ergründen der realen Dinge berufen ist.

In dem Kernpuncte seiner geistigen Existenz, wie in so vielen einzelnen Beziehungen, findet man Schlosser von der gleichen Zweiseitigkeit, im scheinbaren Wechsel zwischen den äußersten Gegensätzen. Es wäre schwer zu sagen, welche von beiden Seiten man im persönlichen Verkehre bei ihm mehr hätte vorschlagen sehen. Legte man ihm eine Frage über weltliche Dinge vor, die er nicht hoffte im Sinne des Fragers zu beantworten, so entschuldigte er sich, still vor sich hinsehend, aber nicht ohne einen gewissen Ton der Schelmerei: Sie wissen, ich bin ein Schwärmer! Lobte man ihm einen Frommen nach der Tagesmode, der die Bibel auf dem Toilettentische liegen hatte, oder legte ihm eine Frage abstruser Theologie vor, so nannte er sich mit verschmähendem Ausdruck ein Weltkind, um seine misliebige Antwort einzuleiten. Es war eben die innige Verschmelzung und zugleich die Gesundheit seiner praktischen und beschaulichen Natur, was das eigenste Kennzeichen seines Wesens ausmachte. Und dort schlugen seine Sympathien immer am stärksten, wo er die beiden Eigenschaften in stärkeren Zügen neben einander zu finden glaubte. So lag ein Theil seiner Achtung für England darin begründet, daß sich dort „Begierde des Nachruhms mit dem Gedanken der Nichtigkeit alles Irdischen von jeher vereinigt hätten." So konnte er für die Helden Ossian's schwärmen, um ihres Vereins von Tapferkeit und Lebensverachtung willen. Und so wurzelte seine Begeisterung für Dante ganz in der Bewunderung jener Verknüpfung von Weltkenntniß mit der Fähigkeit der Weltentbehrung. Man könnte sagen, daß sich Schlosser aus Dante Beruf und Bestimmung entnommen habe, und die sittliche Strenge in seinen Geschichtswerken würde dadurch ihre innerste Aufklärung erhalten.

„Wie die fromme Seele, schrieb er einmal, eines Wortes bedarf das vom Himmel stammt, so bedarf die ernste und strenge Seele einer Ansicht des Weltlaufs und der menschlichen Thaten, welche die Nichtigkeit dieser Dinge, das Eitle des Stolzes auf ein Thun und Wissen zeige, das ein Nichtthun und Nichtwissen ist, so bedarf sie eines treuen und festen Begleiters, der zu solcher Ansicht führe." Solch ein Begleiter war ihm Dante geworden, solch ein Begleiter der ernsten und strengen Seele suchte er selbst in seiner Wirksamkeit zu werden. Diese Aehnlichkeiten der beiden Männer aus so entfernten Zeiten in Richtung, Geist und Charakter sind so auffallend und stark, daß sie wohl selbst auf Uebereinstimmungen der physischen Naturen beruhen möchten. Man könnte in einzelnen Bildnissen von beiden selbst in den äußerlichen Gesichtszügen Aehnlichkeiten herausfinden in dem mildscharfen Auge, in der geschwungenen starken Nase, in dem vortretenden Kinn, in den scharf geschnittenen fest und ernst geschlossenen Lippen. Die Charakteristiken Dante's von Boccaccio und Villani lassen sich in den wesentlichsten Beziehungen auf Schlosser gradezu übertragen. Was namentlich die landläufige Meinung über Schlosser bei uns ist, hat der Spießbürger Villani ungefähr ebenso (IX, 134) über Dante ausgesprochen: „er sei durch sein Wissen etwas anmaßend, tadelsüchtig und stolz gewesen, und habe in der Weise eines eckigen Gelehrten nicht wohl mit Laien zu verkehren gewußt; aber denkwürdig sei er durch seine sonstigen Tugenden, Wissenschaft und Tüchtigkeit, da er durch seine edlen Schriftwerke dem Vaterland Ruhm und Ehre gebracht."

Möge das deutsche Vaterland für die Ehre und den Ruhm, den dieser geistverwandte Doppelgänger Dante's ihm gebracht hat, dem Manne das ehrende Andenken erhalten, das Italien diesem seinem Dichter, dem strengsten aller Sittengeißler, bewahrt hat. In Einer Seele wenigstens ist es ihm gewiß; und das wäre dem Edlen, der auf alle äußeren Ehren bereiten Verzicht that, genug gewesen. Als er seine Grabrede für Johann Heinrich Voß schrieb, schloß er mit dem Gebete, daß einst auch an seiner Gruft ein Freund ihm nachtrauern möge, wie Er dem geschiedenen Meister. Dieses Gebet ist erhört worden. Ich habe das Gefühl, daß wenn Jemand nichts gethan hätte, als Einem Menschen das zu sein, was Schlosser mir geworden ist, dieß allein ausreiche, einem Menschenleben den vollwichtigsten Werth zu verleihen.